U0738052

"十四五"职业教育国家规划教材

"十三五"职业教育国家规划教材（修订版）

城市轨道交通突发事件应急处理

第 2 版

主 编 谭 恒 刘利莉

副主编 林少宏

参 编 兰杨芳 梁福安

机械工业出版社

本书是"十四五"职业教育国家规划教材，结合城市轨道交通运营企业的实际操作流程以及岗位职业标准，选取围绕故障/事故发生概率较高、对行车安全和客运服务影响较大的事件加以分析阐述，以项目任务为驱动进行编写，共分为6个项目，计20个工作任务。主要内容包括走进城市轨道交通突发事件、自然灾害类突发事件应急处理、事故灾难类突发事件应急处理、行车事故及车站设备故障突发事件应急处理、公共安全类突发事件应急处理、突发公共卫生事件应急处理。

本书包括理论知识和实训工单两部分，分别成册。理论知识上，结合城市轨道交通运营中对应案例进行导入，不仅可以帮助学生发现自身存在的问题并持续改进，还可以培养学生应对突发事件的能力，增强其职业认同感。实训工单以接受工作任务、信息收集、制订计划、计划实施与检查、评价反馈五个环节为主线，结合理论知识进行实践操作训练，对应企业岗位能力需求，形成理实一体化的学习模式。

同时，本书融入了思政教育、职业素养教育元素，在课程中加强责任意识教育，牢固树立安全发展理念。使学生在学习过程中认识到事故的灾难性和作为工作人员的使命感，爱岗敬业，将保障人民群众的生命安全放在首位。

为方便教学，本书配有电子课件，凡选用本书作为授课教材的教师均可登录 www.cmpedu.com 以教师身份注册下载。

图书在版编目（CIP）数据

城市轨道交通突发事件应急处理/谭恒，刘利莉主编. —2 版. —北京：机械工业出版社，2022.8（2025.6重印）
"十三五"职业教育国家规划教材：修订版
ISBN 978-7-111-71297-8

Ⅰ. ①城…　Ⅱ. ①谭…②刘…　Ⅲ. ①城市铁路-轨道交通-突发事件-处理-高等职业教育-教材　Ⅳ. ①U239.5

中国版本图书馆 CIP 数据核字（2022）第 133727 号

机械工业出版社（北京市百万庄大街22号　邮政编码100037）
策划编辑：曹新宇　　　　　责任编辑：曹新宇　王　芳
责任校对：张　征　李　婷　封面设计：马精明
责任印制：单爱军
保定市中画美凯印刷有限公司印刷
2025 年 6 月第 2 版第 11 次印刷
210mm×285mm·13.5 印张·290 千字
标准书号：ISBN 978-7-111-71297-8
定价：44.80 元

电话服务　　　　　　　　　网络服务
客服电话：010-88361066　　机 工 官 网：www.cmpbook.com
　　　　　010-88379833　　机 工 官 博：weibo.com/cmp1952
　　　　　010-68326294　　金 书 网：www.golden-book.com
封底无防伪标均为盗版　　机工教育服务网：www.cmpedu.com

关于"十四五"职业教育
国家规划教材的出版说明

为贯彻落实《中共中央关于认真学习宣传贯彻党的二十大精神的决定》《习近平新时代中国特色社会主义思想进课程教材指南》《职业院校教材管理办法》等文件精神，机械工业出版社与教材编写团队一道，认真执行思政内容进教材、进课堂、进头脑要求，尊重教育规律，遵循学科特点，对教材内容进行了更新，着力落实以下要求：

1. 提升教材铸魂育人功能，培育、践行社会主义核心价值观，教育引导学生树立共产主义远大理想和中国特色社会主义共同理想，坚定"四个自信"，厚植爱国主义情怀，把爱国情、强国志、报国行自觉融入建设社会主义现代化强国、实现中华民族伟大复兴的奋斗之中。同时，弘扬中华优秀传统文化，深入开展宪法法治教育。

2. 注重科学思维方法训练和科学伦理教育，培养学生探索未知、追求真理、勇攀科学高峰的责任感和使命感；强化学生工程伦理教育，培养学生精益求精的大国工匠精神，激发学生科技报国的家国情怀和使命担当。加快构建中国特色哲学社会科学学科体系、学术体系、话语体系。帮助学生了解相关专业和行业领域的国家战略、法律法规和相关政策，引导学生深入社会实践、关注现实问题，培育学生经世济民、诚信服务、德法兼修的职业素养。

3. 教育引导学生深刻理解并自觉实践各行业的职业精神、职业规范，增强职业责任感，培养遵纪守法、爱岗敬业、无私奉献、诚实守信、公道办事、开拓创新的职业品格和行为习惯。

在此基础上，及时更新教材知识内容，体现产业发展的新技术、新工艺、新规范、新标准。加强教材数字化建设，丰富配套资源，形成可听、可视、可练、可互动的融媒体教材。

教材建设需要各方的共同努力，也欢迎相关教材使用院校的师生及时反馈意见和建议，我们将认真组织力量进行研究，在后续重印及再版时吸纳改进，不断推动高质量教材出版。

机械工业出版社

前言 /PREFACE ///////////////////////////

2021 年是中国共产党成立 100 周年，也是"十四五"规划开局之年，还是加快建设交通强国的开局之年。抚今怀昔，在党的领导下，我国交通事业经历了前所未有的变革，发生了翻天覆地的变化。截至 2021 年底，我国城市轨道交通线网规模和客流规模均居世界第一，在建线路超过 6700km，运营里程 7500km。

城市轨道交通如毛细血管一样延伸的交通网络，重塑了我国一二线城市的时空格局，在推进城市现代化进程、改善交通运输环境、引导优化城市空间布局、带动城市经济创新发展等方面发挥了巨大的推动作用，被各级政府和市民所接受和喜爱。随着线网规模不断扩大，城市轨道交通运营环境更加复杂，安全风险不断增多，安全运行压力日趋加大，引起多方关注。

突发事件问题在统计上是个概率问题，而对具体时段的乘客则难以选择或无从选择，这就需要一支强大的专业人才队伍来保障城市轨道交通的安全运行，快速应对突发事件。本书正是基于这样的背景编写的，主要用于职业院校城市轨道交通专业的高技能人才培养。

由于突发事件的教学只能通过模拟或演习进行，无法亲临其境，也无法做到高度还原或仿真，而接受教育的学员都是未曾经历过应急事件的青年学生。如果采取传统的、凭借想象、简单知识传授的课程教学，只能培养其安全意识，而无法将其培养为具有快速处置能力的专业城市轨道交通工作人员。

基于这种矛盾，我们认真学习了《关于推动现代职业教育高质量发展的意见》，根据"普遍开展项目教学、情境教学、模块化教学，推动现代信息技术与教育教学深度融合，提高课堂教学质量""按照生产实际和岗位需求设计开发课程，开发模块化、系统化的实训课程体系，提升学生实践能力"等要求，编写了本书。

本书将文化教育与素质教育相融合，以专业人才培养目标为依据，以所在专业能力结构为主线，贯彻落实党的二十大精神，用社会主义核心价值观铸魂育人。在培养学生专业能力的同时，关注学生身心的健康发展，坚定学生的理想信念，加强职业道德与爱国主义的教育，激发学生的家国情怀和使命担当，培养适合新时代发展需要的高素质人才。同时通过对城市轨道交通运营管理的最新发展情况以及人才需求进行调查研究，通过站务员、行车调度员、车站值班员、司机等岗位的特点分析提炼教材内容，主要针对城市轨道交通突发事件中的自然灾害类、事故灾难类、行车事故及车站设备故障类、社会安全类、公共卫生类等突发事件进行应急演练，以项目任务为导向，培养学生的学习能力和实践能力。

　　本书由广州市机电技师学院刘利莉、广州市交通运输职业学校谭恒任主编，广州市机电技师学院林少宏任副主编。参与各项目编写的还有：广州市交通运输职业学校兰杨芳，广州从化市技工学校梁福安。本书参考和引用了国内外专家、研究者的有关著作、论文和科研成果，吸收了广州地铁、深圳地铁等城市轨道交通企业的运营资料。在此一并向相关作者表示诚挚的感谢！

　　由于编者水平有限，错漏在所难免，恳请读者批评指正。

编　者

名称	图形	名称	图形
两个站台门不能关闭		单个站台门不能关闭	
单个站台门不能开启		单侧站台门不能开启	
暴雨天气应急处理		应用实训设备进行火灾应急处置演练	

目录 / CONTENTS //////////////////////////////

01

项目一　走进城市轨道交通突发事件

项目描述

作为城市轨道交通企业的工作人员，遇到城市轨道交通突发事件时应该如何处理？通过本项目的学习，学生应了解城市轨道交通突发事件是什么，以及它对公众会造成怎样的影响，了解城市轨道交通突发事件应急处理的基本理论体系。

任务一　认识城市轨道交通突发事件

【任务目标】

知识目标：

1. 掌握城市轨道交通突发事件的概念。

2. 熟悉城市轨道交通突发事件的特点。

能力目标：

1. 在教师的指导下，自行阅读案例，并进行小组讨论，总结出突发事件应急处理的重要性。

2. 能根据评价标准，模拟车站工作，并对演练进行评价，指出不足。

3. 在任务驱动下，完成实训工单。

素质和德育目标：

1. 树立安全生产的意识。

2. 培养乘客至上、勇于担当的工作品质。

【案例引入】

2012 年 11 月 19 日 19 时 19 分，某市地铁 8 号线某两站区间隧道中，一辆向东行驶的列车在行驶过程中车厢内突然冒烟并产生大量火花，列车临时停在隧道距车站 200m 处。惊恐不已的乘客自行打开车门，上演隧道"大逃亡"。事件发生后，消防队出动 5 辆消防车、约 30 名消防员到场救援。2012 年 11 月 20 日零时 20 分该市发布地铁公安分局的通报，称列车因车顶受电弓（电压 1500V）发生故障，致使其部件与车顶发生接触短路，产生响声和烟雾，同时电弧击穿列车顶部，烟雾从洞口（直径约 4cm）进入车内。

市民陈小姐当时坐在列车的第一节车厢。在列车开过前一站快要进入下一站时，她突然看到车窗外闪过一片火花，还看到有白烟冒出。"我还以为是短路了，但列车当时没有停下，像失控一样又往前冲了近一分钟。"陈小姐说，当时车厢内一片混乱，大家陷入恐慌。

"很多人拼命往前挤，有人还按开了逃生门，我们都拼命冲下车。"在下车过程中，由于人多拥挤，陈小姐被挤倒，"当时我身下压着人，应该有 10 多人倒在地上。我的胸口撞到水管，肋骨处受伤了。"陈小姐说，随后她爬起来和大家一起摸黑在隧道里走，但心里一直很害怕。

思考：城市轨道交通突发事件有什么特点？

📋【相关知识】

一、城市轨道交通突发事件的概念

本书所称突发事件是指因运营生产事故、设备设施故障、自然灾害、社会安全事件等原因在地铁运营场所内突然发生，导致载客列车服务延误或中断达 20min 以上，已造成或者可能造成重大人员伤亡、财产损失、环境破坏和严重社会危害及严重负面舆论影响等后果，需要调动地铁公司总部、运营分公司多个部门，甚至由政府部门力量和资源联合处置的突发的紧急事件。

二、城市轨道交通突发事件的特点

1. 突发性强

城市轨道交通突发事件发生的时间和地点具有不确定性，而且时刻潜伏着危险性；事件发生初期极具隐蔽性，不易察觉，一旦发生，就已达到一定的危害程度和范围；现场人员表现得极度紧张、恐慌，瞬间造成人群混乱。

2. 处置难度大

城市轨道交通一旦发生火灾、爆炸、毒气等突发事件，险情评估判断困难，地下通信联络不畅，特种救援装备很难及时到位，现场往往有大量人员中毒或伤亡，救援人员展开救援行动时心理、生理压力很大。

3. 逃生途径少

城市轨道交通列车每节车厢每侧一般设有 5 个车门，列车停靠站台后打开一侧的 5 个车门，人员全部撤离车厢最快需要 36.6s 左右；如果车门因故障无法打开，或列车在区间隧道内发生故障，车厢门无法打开时，乘客只能通过车头和车尾的 2 个紧急安全门疏散。在此情况下，列车乘客的安全疏散将更加困难。

4. 社会影响大

城市轨道交通若发生突发事件，除造成大量人员伤亡外，轨道运行将会较长时间中断，影响人们正常的生活工作，直接影响社会稳定。

城市轨道交通一旦发生突发事件，有针对性的控制、救援措施往往难以迅速有效开展，结果难以预料。

📊 【课后测评】

案例：某地铁警方昨日向媒体通报，6 月 7 日中午 12 时 52 分，有群众报警称在地铁 3 号线一列由北向南行驶的列车到达某站站台时，有大量乘客恐慌地往外涌。接报后，地铁警方立即派出民警到场处置，并调阅现场视频监控查看。

经初步了解：当时列车上有一名地铁跟车的护卫员发现车厢内有一名乘客突然晕倒，在用对讲机通知列车司机时，旁边不明情况的乘客有人喊"砍人""有炸弹"，因而引起其他乘客恐慌，争先逃离，事件造成 6 名乘客轻微擦伤。经"120"医务人员诊治，擦伤的乘客及之前晕倒的乘客均无大碍。民警经过初步排查，在现场及列车上均未发现可疑物品。6 名轻微伤者分别被送至附近医院。

作业：1. 分析此次突发事件发生的原因及特点。

2. 如何预防或者减少此类突发事件的发生？

任务二　掌握城市轨道交通突发事件的分类和分级

📤 【任务目标】

知识目标：

1. 掌握城市轨道交通突发事件的分类。

2. 熟悉城市轨道交通突发事件的分级标准。

能力目标：

1. 在教师的指导下，小组合作，查找资料，找出四种突发事件类型的案例。

2. 能对城市轨道交通突发事件的危害做出自己的评价。

3. 能根据所学知识，逻辑清晰地总结出救援工作过程。

4. 在任务驱动下，完成实训工单。

素质和德育目标：

1. 培养一丝不苟、就地响应的工作态度。

2. 培养安全生产责任意识。

3. 积极发现工作盲区，为应急工作提出合理建议，减少或预防事故，树立创新思维。

【案例引入】

2006 年 10 月 17 日罗马时间 9 时 37 分，一列地铁 A 线列车异常驶入维托·艾曼纽二世车站，追撞停靠月台的另一列列车，致使被撞击的列车最后一节车厢与从后驶来的列车第一节车厢纠结在一起，许多乘客被卡在扭曲的车厢间，现场烟雾弥漫，照明设备失效。两列车损毁变形，其中后方列车的第一节车厢残骸卡进前方列车车尾达 3m。事故造成 1 人死亡，约 110 人受伤，其中 6 人伤势较重，死亡乘客与伤势较重人员皆位于前列车的最后一节车厢内。

【相关知识】

一、城市轨道交通突发事件分类

根据城市轨道交通突发事件的性质、演变过程和发生机理，将城市轨道交通突发事件分类如下：

1. 自然灾害

自然灾害主要包括强台风、龙卷风、冰雹、雷雨、水灾、地震、山体崩塌、滑坡等造成或可能造成城市轨道交通浸水、脱轨或倾覆等严重影响轨道交通正常运营的灾害事件。

2. 事故灾难

事故灾难主要包括火灾、爆炸、行车、工程等安全生产事故，以及大面积停电、突发性大客流和其他可能造成轨道交通发生一条线路全线停运或两条以上线路同时停运的灾难事件。

3. 公共卫生事件

公共卫生事件主要包括重大传染病疫情、生化、毒气和放射性污染等造成或可能造成乘客等社会公众健康严重损害的事件。

4. 社会安全事件

社会安全事件主要包括重大刑事案件、恐怖袭击事件以及在轨道交通车站内发生的聚众闹事、劫持人质等突发事件。

二、城市轨道交通突发事件的分级标准

按照事件严重性和受影响程度，突发事件分为特别重大、重大、较大和一般四级。

1. 特别重大突发事件

特别重大突发事件是指造成 30 人以上死亡，或者 100 人以上重伤，或者直接经济损失 1 亿元以上的突发事件。

2. 重大突发事件

重大突发事件是指造成 10 人以上 30 人以下死亡，或者 50 人以上 100 人以下重伤，或者直接经济损失 5000 万元以上 1 亿元以下，或者连续中断行车 24h 以上的突发事件。

3. 较大突发事件

较大突发事件是指造成 3 人以上 10 人以下死亡，或者 10 人以上 50 人以下重伤，或者直接经济损失 1000 万元以上 5000 万元以下，或者连续中断行车 6h 以上 24h 以下的事件。

4. 一般突发事件

一般突发事件是指造成 3 人以下死亡，或者 10 人以下重伤，或者直接经济损失 50 万元以上 1000 万元以下，或者连续中断行车 2h 以上 6h 以下的突发事件。

上述分级标准有关数量的表述中，"以上"含本数，"以下"不含本数。

【课后测评】

事件 1：1995 年 3 月 20 日，某组织在日本东京市区 3 条地铁列车内施放神经性"沙林"毒气，造成 12 人死亡，5000 多人因中毒进医院治疗。东京交通陷入一片混乱。这一事件震惊世界，也促使日本消防界强化整体防灾能力，进一步改善化学防毒防灾救援装备。

事件 2：1999 年 5 月，白俄罗斯地铁车站人数过多发生意外，54 人被踩踏致死。

作业：1. 回答出上述突发事件的级别。

　　　2. 给上述突发事件进行分类。

　　　3. 写出地铁踩踏突发事件的救援方案。

任务三　编制城市轨道交通应急救援预案

【任务目标】

知识目标：

1. 掌握城市轨道交通应急救援预案的分类。

2. 熟悉城市轨道交通应急救援预案的基本结构。

能力目标：

1. 根据所学知识，结合材料，在教师的指导下，小组合作，编写城市轨道交通应急救援预案。

2. 能根据评价标准，对其他小组的作品进行评价，指出不足。

3. 在任务驱动下，完成实训工单。

素质和德育目标：

1. 遵守规程，立足岗位，做好岗位工作，保障乘客出行安全。

2. 具备地铁工作人员应急救援的职业素养。

【案例引入】

2017年2月10日晚7时许，正值下班高峰期，一列由香港金钟开往新界荃湾的列车在途中发生火情，并紧急停在尖沙咀铁路站。有目击者拍摄画面显示，一节车厢内有火光，浓烟滚滚，有人下身着火，但火很快被扑灭。

事发后，尖沙咀铁路站暂时关闭，列车经过不停车。站外停有多辆消防车、救护车及警车。

火被扑灭后，香港消防处、警方，联同香港铁路有限公司（港铁公司）管理层在尖沙咀铁路站外会见媒体。截至当天晚上11时许，此次事件造成至少17人受伤，其中2人伤势危重，5人严重，9人情况稳定，1名伤者已出院。

针对现今轨道交通的突发事件情况，城市轨道交通应急救援应运而生。城市轨道交通应急救援针对城市轨道交通可能的重大事故（件）或灾害而展开的活动，需要反复修改、完善活动计划，形成行之有效的方案。

【相关知识】

一、城市轨道交通应急救援的概念

城市轨道交通应急救援是针对突发的、具有破坏力的事件所采取的预防、响应和恢复的活动。其目标是实现对突发事件灾害做出预警、控制事件灾害发生与扩大、开展有效救援、减少损失和迅速组织恢复正常状态。其对象是突发的后果与影响严重的事件与灾害。

二、城市轨道交通应急救援预案的概念

城市轨道交通应急救援预案是针对可能发生的重大事件（件）或灾害，为保证迅速、有序、有效地开展应急与救援行动，降低事件损失而预先制订的有关计划或方案；它是在辨识和评价潜在的重大危险、事件类型、发生的可能性、发生过程、事件后果及影响严重程度的基础上，对应急机构与职责、人员、技术、装备、设施（备）、物资、救援行动及其指挥与协调等方面预先做出的具体安排。

三、城市轨道交通应急救援预案的作用

城市轨道交通应急救援预案的作用是在发生突发事件时进行及时的应急救援，避免次生事故的发生。它体现"安全第一，预防为主"的方针，营造安全、少灾、无害、和平的城市轨道交通环境。

四、城市轨道交通应急救援预案的分类

1. 故障应急救援预案

故障应急救援预案包括列车故障应急救援预案、供电设备应急救援预案等。

2. 事故应急救援预案

事故应急救援预案包括行车事故应急救援预案、外部人员伤亡应急救援预案等。

3. 突发事件应急救援预案

突发事件应急救援预案包括火灾、爆炸、突发公共卫生事件、投毒应急救援预案，车站大客流应急预案等。

五、应急救援预案的基本内容与基本结构

1. 应急救援预案的基本内容

城市轨道交通运营企业一般根据《中华人民共和国安全生产法》《城市轨道交通运营管理规定》《国家城市轨道交通运营突发事件应急预案》《国家突发公共事件总体应急预案》等相关法律法规，结合本单位的具体情况制定应急救援预案。其具体内容包括以下几个方面：

1）运营单位抢险指挥领导小组的组成和人员职责，抢险指挥领导小组应负责抢险救援的组织、指挥、决策，并指挥各部门实施各自的应急预案，尽快恢复运营秩序。

2）抢险信息的报告程序。应该遵循迅速、准确、客观和逐级报告的原则。

3）现场处置过程中各部门的组织原则及相关职责。

4）不同事故情况下的抢险救援策略和人员疏散方案。

5）提供救援人员、通信、物资、医疗救护和生活保障。

应急救援预案编制完成后，应尽快让工作人员熟悉和演练，通过演练验证应急救援预案的合理性，发现与实际不符合的情况应该及时修订和完善。

2. 应急救援预案的基本结构

城市轨道交通系统中可能发生的重大事故（件）是多种多样的，在制定预案时，应该全面考虑，以形成完整的应急救援预案文件体系。城市轨道交通突发事件灾害分为自然灾害、事故灾难、公共卫生事件和社会安全事件。每一类灾害的情况千差万别，但导致的后果和影响是大同小异的。城市轨道交通系统救援体系的总体目标是：控制事态发展、保障生命财产安全、恢复正常运营。

城市轨道交通应急救援预案按照预案的适用对象范围来分，可分为综合预案、专项预案和现场预案，如图 1-1 所示，以保证预案文件体系的层次清晰和开放性。

各预案的内容在详略程度和侧重点上会有所不同，但可以采用相似的结构。如基于应急任务或功能的"1+4"预案编制基本结构：应急预案＝基本预案+（应急功能附件+特殊风险预案+标准操作程序+支持附件）。

（1）基本预案　它是该项应急预案的总体描述，主要阐述要解决的紧急情况、应急的组织体系、方针、应急资源、应急的总体思路，明确各应急组织在应急准备和应急活动中的职责以及应急预案的演习和管理等规定。

（2）应急功能附件　应急功能附件是指针对在各类重大事故应急救援中通常要采取的一系列基本应急行动和任务而编制的计划，如指挥、控制、警报、通信、人群疏散、人群安置、医疗等。应急功能附件明确每一应急功能针对的形势、目标、负责机构、支持机构、任务要求、应急准备和操作程序等。

图 1-1　城市轨道交通应急救援预案基本结构

（3）特殊风险预案　特殊风险预案针对每一种可能发生的重大风险事故，明确其相应的主要责任部门、有关支持部门及其相应的职责，以及为该类专项预案的制订提出的特殊要求和指导意见。

（4）标准操作程序　标准操作程序规定在应急预案中没有给出的每一任务的实施细节。各个应急部门必须制定相应的标准操作程序，为组织或个人提供履行应急预案中规定的职责和任务所需的详细指导。

（5）支持附件　支持附件主要包括应急救援有关支持保障系统的描述和相关附图表。例如，城市轨道交通系统主要危险有害因素登记表、重大事故影响范围预测分析、应急机构及人员通信联络方式、消防设施分布图、疏散线路图、媒体联络方式、相关医疗单位分布图、交通管制范围图等。

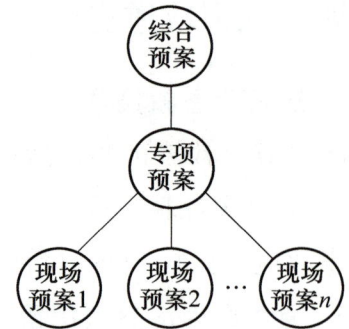

六、应急救援体系中的主要应急机制

应急救援管理一般包含预防、预备、响应和恢复四个阶段。应急机制由统一指挥、分级响应、属地为主和公众动员四个基本机制组成。

1）统一指挥，分为集中指挥、现场指挥、场外指挥、场内指挥。必须在应急指挥部的统一组织协调下行动。

2）分级响应机制。在应急救援中实行分级响应机制，提高应急响应级别主要是提高指挥级别，扩大应急范围等。扩大或提高应急响应级别的主要依据包括：

① 事故灾难的危险程度。

② 事故灾难的影响范围。

③ 事故灾难的控制事态能力。

3）属地为主，强调"第一反应"的思想，以应急现场指挥为主的原则。

4）公众动员，是应急机制的基础，也是最薄弱、最难以控制的环节。

任务四　城市轨道交通应急救援预案演练

【任务目标】

知识目标：

1. 掌握应急救援预案演练预案在应急演练中的作用。

2. 熟悉城市轨道交通应急救援预案演练方案的内容。

能力目标：

1. 根据应急救援预案，在教师的指导下，以小组合作、角色扮演等形式完成应急演练。

2. 掌握应急抢险工具的使用规定和操作方法。

3. 能根据评价标准，对演练进行评价，指出不足。

4. 在任务驱动下，完成实训工单。

素质和德育目标：

1. 培养一丝不苟、就地响应的工作态度。

2. 培养安全生产责任意识。

3. 遵守规程，立足岗位，做好岗位工作，保障乘客出行安全。

4. 积极发现工作盲区，为应急工作提出合理建议，减少或预防事故，树立创新思维。

【案例引入】

某日下午，地铁16号线进行火灾迫停后的乘客疏散、应急处置综合演练。这是该市地铁区域内首次模拟列车起火、疏散、乘客全程真实参与的综合演练。

当日13时55分，16号线一列列车从龙阳路站开往滴水湖站，行驶至周浦东站至鹤沙航城站之间时，司机发现火灾报警系统报警，随后确认第一节车厢发生"火情"，司机马上向站台调控中心报警。同时，通过车厢内广播，司机向乘客进行火情告知，提醒乘客向远离"火源"方向疏散，等待车辆进站后撤离车厢。调控中心接到报警后，立即启动列车火灾应急预案，命令列车前行至鹤沙航城站上行站台疏散乘客。鹤沙航城站在接到调控中心指令后，在值班站长、民警的统一指挥下，分成火灾扑救、疏散引导组等应急处置小组。列车到站司机打开车门后，有大量烟雾冒出，车站组织乘客向站外疏散。同时，消防专业救援力量到达鹤沙航城站，从消防楼梯进入事发地点实施应急处置。

据介绍，所有乘客提前在上车车站收到了《演练告知书》，在演练中全体乘客非常配合，首先向远离"火源"的车尾处集中，等待车辆到站后弯腰捂口鼻迅速撤离车厢，随后再通过疏散通道撤离车站。在鹤沙航城站，根据应急预案，电梯全部关闭，应急通道处工作人员做好组织引导，车站进出闸机口全部落闸开放，乘客快速向站外疏散。接报后赶到现场待命的消防部门，马上进入"火场"搜救受伤人员，同时对"火情"进行快速处置。

思考：为什么要进行综合演练？演练的目的是什么？

📓 【相关知识】

一、城市轨道交通应急救援预案演练的检验功能

城市轨道交通应急救援预案演练主要检验以下功能：

1）突发事件应对动员的警报和通知。

2）公众预警。

3）通信联系。

4）指挥、协调和控制。

5）突发事件应对公共信息发布。

6）损失评估。

7）卫生与医疗行动。

8）个人与家庭帮助。

9）公共治安维持。

10）交通畅通。

11）资源管理。

12）各级主管部门的正常运转。

13）公共事业与公共工程运转。

二、城市轨道交通应急救援预案演练的基础特性

1. 普及性

城市轨道交通应急救援预案演练的普及性是指预案一旦编制完成，必须抓紧向涉及的单位、部门、专业、人群公布，让每一个人和组织都知道自己在预案中的角色、责任、行动规则和行动程序，知道自己应该在什么样的情况下采取什么样的行动。只有参与的人员和组织都熟悉的预案才是能够予以实践的有生命力的预案，否则，预案只是一份普通的文件，没有实际价值。

2. 可行性

城市轨道交通应急救援预案演练的可行性是指预案这一行动计划对执行者的责任规定是否得当，执行者能否熟悉和接受，应急救援预案的规则和程序是否合理和完善，是否经得住演练的检验和证实。一个预案是一个完整的应对突发事件的行动计划，这个行动计划包括执行者本身的责任、行动规则和行动程序。

在演练过程中，应急指挥者可以从中发现应急救援预案在演练人员中的普及程度；应急

救援预案的编制者可以从中发现预案规则和程序中的不合理之处，为预案的完善打下基础。

三、常见的城市轨道交通应急救援预案演练的形式

1. 按组织形式划分

按组织形式划分，应急救援预案演练可分为桌面演练和实战演练。

（1）桌面演练　桌面演练是指参演人员利用地图、沙盘、流程图、计算机模拟、视频会议等辅助手段，针对事先假定的演练情景，讨论和推演应急决策及现场处置的过程，从而促进相关人员掌握应急救援预案中所规定的职责和程序，提高指挥决策和协同配合能力。桌面演练通常在室内完成。

（2）实战演练　实战演练是指参演人员利用应急处置涉及的设备和物资，针对事先设置的突发事件情景及其后续的发展情景，通过实际决策、行动和操作，完成真实应急响应的过程，从而检验和提高相关人员的临场组织指挥、队伍调动、应急处置技能和后勤保障等应急能力。实战演练通常要在特定场所完成。

2. 按内容划分

按内容划分，应急救援预案演练可分为单项演练和综合演练。

（1）单项演练　单项演练是指涉及应急预案中特定应急响应功能或现场处置方案中一系列应急响应功能的演练活动。注重针对一个或少数几个参与单位（岗位）的特定环节和功能进行检验。

（2）综合演练　综合演练是指涉及应急救援预案中多项或全部应急响应功能的演练活动。注重对多个环节和功能进行检验，特别是对不同单位之间应急机制和联合应对能力的检验。

3. 按目的与作用划分

按目的与作用划分，应急救援预案演练可分为检验性演练、示范性演练和研究性演练。

（1）检验性演练　检验性演练是指为检验应急救援预案的可行性、应急准备的充分性、应急机制的协调性及相关人员的应急处置能力而组织的演练。

（2）示范性演练　示范性演练是指为向观摩人员展示应急能力或提供示范教学，严格按照应急救援预案规定开展的表演性演练。

（3）研究性演练　研究性演练是指为研究和解决突发事件应急处置的重点、难点问题，试验新方案、新技术、新装备而组织的演练。

不同类型的演练相互组合，可以形成单项桌面演练、综合桌面演练、单项实战演练、综合实战演练、示范性单项演练、示范性综合演练等。

四、城市轨道交通应急救援预案演练的方案

城市轨道交通运营企业开展一次突发事件应急救援预案演练活动会动用大量的人力、物力和财力，因而在演练之前需要制定完善的演练方案。如果没有编制演练方案或者演练方案

缺陷较多，演练活动就达不到检验预案的目的。因此，编制科学实用、贴近实战、可提高演练成效的突发事件应急救援预案演练方案是应急管理中的重要工作。

1. 应急救援预案演练方案的主要框架

为保证演练活动的顺利开展，城市轨道交通运营企业编制的各种应急救援预案的演练方案都有一套科学实用的框架和模式，这样才能顺利完成演练活动。

演练活动是应急救援预案从书面走向实战的桥梁，不仅能够检验预案编制的科学性、实用性和有效性，也为城市轨道交通运营企业不断完善应急救援预案、提高应急救援预案的可靠性提供了最佳途径。模拟演练并不是简单地将预案中的程序或措施通过口头或行动表现出来，而是假设城市轨道交通某项事故或事件场景出现后，应急人员应当顺利、有效地处置突发危害。因此，应急救援预案的演练方案应是以某项应急救援预案为基本框架，以参演人员动作节点和程序节奏为主要内容的动作脚本。

城市轨道交通运营企业在反复组织演练活动的过程中一般都会凝练出相对固定的特有的模式，也就是说，会形成具备一定共性的演练方案框架，构成方案内容的骨架，为演练程序、动作提供支撑。

演练方案框架一般涵盖：演练的具体目的，演练类型、规模与响应级别，假设演练背景和模拟突发事件及其演练时间，演练组织分工及参演人员的构成及其职责，演练准备与演练过程，演练步骤，演练检查清单或演练执行效果评估清单，演练记录与总结表格，相关说明，等等。

2. 应急救援预案演练方案的主要内容

演练方案的内容是成功进行演练的关键，内容的缺陷或偏差会导致演练组织者设置的目的不能顺利实现，因此，演练方案的内容设置至关重要。演练方案应主要包括以下内容：

（1）演练的目的　在应急管理体系中应急救援预案的类别、级别是不同的，城市轨道交通运营企业建立了综合预案、专项预案以及现场预案。进行演练时，一并将所有预案一起实施是不可能的，只能选择其中一两项来实施，每个项次的演练都有不同的目的。因此演练方案首先要规定某项演练的具体目的，为演练活动明确总体目标。

（2）演练类型、规模与响应级别

1）明确演练类型。预案的演练类型分为桌面演练、功能演练和全面演练等多种类型。演练活动应遵循由简及繁、循序渐进的方式。从桌面演练开始，逐步推进为全面演练；由口述场景演练开始，逐步推进为动作行动演练。

2）明确演练规模与响应级别。无论是政府主管部门制定的预案，还是城市轨道交通运营企业制定的预案，都规定了发生突发事件后应急响应级别，级别越高则影响范围越大，演练规模也就越大。在演练方案中，应当明确是单部门参演还是多部门参演；演练是否需要上级或外部给予响应或支持。例如：火灾事故应急救援演练实战过程中，是否需要单位外部的消防资源给予响应配合，应在方案中明确说明。

（3）演练背景、模拟突发事件及其演练时间　为保障演练的真实性和实效性，演练方案都需要假设一个演练背景。背景中一般会介绍演练的地点、时间、组织部门、参演设备、突发事件设置方法、启动何种应急程序等一系列演练的基本内容。

在确定演练的具体时间时，首先应充分考虑各类参演人员、参加演练的时段不影响正常城市轨道交通运营工作，其次应尽量避免过多干扰居民生活、社会道路交通。演练方案中明确演练启动时间是必需的要素，但是在演练前应当对参与演练的行动人员保密，以利于真实地反映应急行动人员的应急处置能力。

（4）参演人员的构成、功能及职责　为了达到演练的目的，在演练活动中需要各类参演人员，即应急行动人员、演练进程控制人员、评价人员、模拟人员、观摩人员等的协调、配合，只有这样才能完成预案的规定程序或动作。参演人员必须对演练进程和关键动作进行记录，才能得出对预案文本和演练行动的评价结论。因此，在演练方案中应明确各参演人员的类别、数量及其职责。

1）应急行动人员。根据模拟场景和紧急情况做出反应，执行应急救援预案中预定程序或动作的人员。由预案中规定的现场指挥、现场救援、应急通信、物资支援等各类人员构成。

2）演练进程控制人员。管理并设置场景，控制演练行动节奏，监护行动人员的安全，指挥解决现场问题的人员，承担现场导演的职责。在演练中，演练进程控制人员应确保应急救援预案规定的程序或动作得到充分演示，确保演练活动对于演练人员具有一定的挑战性，通过"演"的手段达到"练"的目的。由于演练进程控制人员是关系演练能否成功的关键人员，所以应当由熟悉应急救援预案、掌握演练方案的人员担任。

3）评价人员。在演练活动中观察行动人员和模拟人员的行动，并记录演练的详细经过的人员。其职责是评价演练的时间、地点、人物、出现的时间、行动是否有效等。在演练过程中，评价人员不应干涉演练人员执行的具体任务，而应根据观察到的现象做好记录，便于在演练效果评价时点评演练过程并出具演练报告。为了能够便捷地进行记录，评价人员应事先根据预案和演练方案设计制作评价记录表，以便记录各个事件或动作。进行规模较大的功能演练或全面演练前，评价人员还应当对不同的行动人员进行分工评价，以确保对演练效果进行客观公正的评价。

4）模拟人员。在演练场景中，与应急行动人员相互作用的人员。其主要职责是模拟事故场景中的人员（负伤者、干扰者等）、外部救援机构的人员、围观人员、自愿行动的志愿者等。模拟人员的设置应当与场景设置相统一，其现场动作越逼真，就越能够检验出应急行动人员的现场处置能力和水平。

5）观摩人员。一般由政府应急管理机构的人员、企业上级主管部门的领导、应急管理专家、友邻单位或者附近居民的代表构成。生产经营单位内部的各级领导、相关部门的人员都可构成演练观摩人员，不同类别和规模的演练可邀请不同的观摩人员参与。观摩人员到现场实施演练是一个关键环节，因为其作为外部人员的评价意见更具有客观性；而且外部专业管理人员和专家的指导对提升单位应急管理水平的作用明显；同时城市轨道交通运营企业还可以借此机会向政府、上级主管部门、友邻单位、附近居民展示本单位应对突发事件的能力。

（5）演练的准备与演练过程　演练准备与演练过程是方案中的重要内容，是演练方案的重心，各种类型、规模的演练都应事先做好详细的准备工作。

由于在应急救援预案中，一般只对应急措施进行了规定，而没有对潜在的场景进行详细描述，因此演练设计人员在策划演练过程时，还应设想事发具体部位、破坏程度、伤亡情况、人员受困情况等场景，并设计编排何时推出场景以及场景出现的顺序，以便训练并检验应急行动人员的临场处置能力。最后，还可以通过应急行动人员对模拟场景的处置状况，检验应急救援预案是否存在缺陷。

相关说明属于演练方案的附录内容，用以说明演练方案的细节。其主要内容包括演练现场示意图、演练费用的预算、聘请外部人员名单、风险评估及控制措施等。

由上可知，演练方案是演练设计人员依据预案和假设的事故场景编制的"演练剧本"，目的是检验、锻炼和提高应急相关人员应对生产安全事故的现场处置能力，并通过潜在的事故场景模拟事故在发生或发展阶段出现的景象，以贴近实战的方式对生产安全事故应急救援预案进行演练。因此，演练方案是预案由文本转为行动所必不可少的过渡性文件，只有完善的演练方案，才能指导和掌控预案演练行动，使其顺利并有效实施。

📰 【拓展与提高】

深圳地铁"四不"应急救援预案演练实例分析

根据建设现代化、国际化先进城市的要求，按照"四不"方式开展此次地铁演练，即不预先编脚本和台词、不预先集结演练队伍、不预先告知演练具体时间、不预先进行合成演练。

1. 设定演练目标

实战演练是针对事先设置的突发事件情景及其后续的发展情景，由参演人员利用应急处置涉及的设备和物资，通过实际决策、行动和操作，完成真实应急响应的过程。实战演练贵在"实"，包括方案翔实、场景现实、人员真实、准备扎实、评估落实等。

演练全过程围绕检验和提升全市轨道交通综合应急能力这一目标，设定了10项目标能力：①地铁火灾应急处置能力；②信息报送和新闻发布能力；③人员疏散安置和转运能力；④地铁行车调整能力；⑤交通管制和疏导能力；⑥伤员转运救治能力；⑦区域预警信息发布能力；⑧部门联动能力；⑨指挥通信和后勤保障能力；⑩公众自救互救能力。整个演练活动主要包括演练准备、演练实施和演练评估三个阶段。

2. 进行演练准备

演练准备既是保障演练安全有序实施的基础，也是分解剖析应急预案、磨合部门联动机制、开展公众科普宣教、提升应急救援能力的重要过程，主要包括以下几方面：

1）召开筹备工作会议。深圳市政府成立了由分管副市长任组长的演练领导小组，先后组织召开了四次筹备工作会议，研究确定了演练名称、演练场景、时间和地点，研究部署了演练现场指挥、通信保障、新闻发布、标识标志等重大事项，协调解决了筹备工作中的相关问题，较好地发挥了调度中枢功能。

2）组织开展桌面推演。由各参演单位的主要负责人参加，按照专业演练模式，不设脚本和台词，完全按照场景推进的方式，现场检验各有关部门和单位应急响应程序和指令。此外，市交通、公安、卫生、新闻、气象、地铁和南山区等部门和单位还分别组织开展了多项实景训练、单项业务培训以及应急常识培训等，既锻炼和提高了参演人员的业务技能，又为正式演练的安全有序举行奠定了坚实的基础。

3）广泛进行媒体宣传。针对群众中可能出现的因"不知情"而出现"不理解"的情绪，演练从筹备伊始，就决定以开放的姿态面对媒体和公众。在筹备期间，专门召开了新闻发布会、宣传部门工作会议、新闻媒体通气会以及媒体运行与新闻宣传会议。与此同时，充分利用报纸、广播、电视、网络等媒体，全方位、多角度、深层次地对演练进行宣传报道，积极争取广大媒体和公众的参与、理解和支持，尽力减少演练可能带来的扰民影响。

4）周密部署后勤保障。针对演练将中断地铁蛇口线部分区间和站点的正常运营，影响部分乘客的正常出行，组织方安排了列车区间调整和乘客公交接驳方案；针对救援队伍、车辆以及警务直升机参与救援将对地面交通造成的影响，提前进行了公告，安排了交通疏导警力；针对参与演练的公众和救援人员的安全，首次在政府演练中购买了商业保险；针对参演人员、观摩人员、评估人员以及媒体记者众多的状况，制定了周密的组织和管理方案，设计并印制了相关证件和手册，全力保障演练的安全顺畅。

3. 组织实施演练

2012年9月13日13时09分，分管副市长走入深圳市指挥中心演练大厅，临时宣布演练正式开始，演练按照方案的场景"自然、有序"地推进。

地铁2号线（蛇口线）一列从赤湾开往新秀方向的列车运行到东角头湾厦上行区间时，突然车厢内发生火灾和站厅燃爆，导致"多人受伤"，列车受损失去动力迫停于距湾厦站站台约50m处，2号线正常运营部分中断。

"事故"发生后，地铁集团中断湾厦站区间行车，封锁东角头—湾厦站区间，开始执行隧道区间人员疏散，同时调整湾厦—新秀站间小交路行车。市、区有关部门接报后，按照预案规定的职责，迅速开展应急处置。市应急办、交通运输委、公安局、卫生人口和计生委、公安消防支队和地铁集团相关负责人员组成现场指挥部，组织开展人员疏散、现场警戒、明火扑救、交通管制、危险物排爆、重伤员转运、新闻发布等应急处置措施。直至现场救援全部完成，公安部门全面检查确保站厅安全后，2号线恢复正常运营，演练于14时52分结束。

演练共历时103min，分为先期处置、综合救援、善后恢复等三个阶段，15个部门、单位、机构和辖区政府900余名应急指挥人员、救援人员、工作人员以及200余名热心市民、志愿者参与了演练。演练动用各种救援车辆装备 100 多台（包括警务直升机 1 架、无人机 1 架、应急指挥车 3 台以及灭火机器人和轨道两用车等特种救援设备），运用应急指挥车实时传输现场视频，调用直升机转运伤员，使用市突发事件预警信息发布平台发布手机预警短信 218 万余条，通过微博发布信息并现场接受境内外 32 家媒体 93 名记者采访。

4. 演练评估总结

本次演练参照欧美先进理念，加大了评估工作力度，专门针对演练 10 项目标能力，设计和建立了 10 大类、24 个科目、230 项具体指标的评估指标体系。

评估工作分为演练前、演练中和演练后三个部分。正式演练前，召开了评估组工作会议，研究了评估工作安排和重点评估内容。演练当天，评估人员分为三组，分别在深圳市政府应急指挥中心、市轨道交通应急指挥中心和湾厦站现场进行观摩评估。演练后，专门召开了专家组评估工作会议。会议形成了专家评估意见，提出了多项改进和加强深圳市轨道交通应急管理工作的意见和思路，并建议各参演单位深入开展内部评估，由市政府汇总形成综合评估报告。

【拓展阅读】

习近平对安全生产作出重要指示强调 树牢安全发展理念 加强安全生产监管
切实维护人民群众生命财产安全

新华社北京 2021 年 4 月 10 日电 中共中央总书记、国家主席、中央军委主席习近平近日就安全生产作出重要指示强调，当前，全国正在复工复产，要加强安全生产监管，分区分类加强安全监管执法，强化企业主体责任落实，牢牢守住安全生产底线，切实维护人民群众生命财产安全。

习近平指出，从 2019 年的情况看，全国安全生产事故总量、较大事故和重特大事故实现"三个继续下降"，安全生产形势进一步好转，但风险隐患仍然很多，这方面还有大量工作要做。

习近平强调，生命重于泰山。各级党委和政府务必把安全生产摆到重要位置，树牢安全发展理念，绝不能只重发展不顾安全，更不能将其视作无关痛痒的事，搞形式主义、官僚主义。要针对安全生产事故主要特点和突出问题，层层压实责任，狠抓整改落实，强化风险防控，从根本上消除事故隐患，有效遏制重特大事故发生。

（来源：新华社）

【课后测评】

1. 假如你是值班站长，试述如何有效组织桌面演练。
2. 简述应急救援预案演练方案应该具备哪几部分内容，在应急演练中的作用分别是什么。

02

项目二　自然灾害类突发事件应急处理

项目描述

　　自然灾害是自然界中所发生的异常现象，会影响人类社会的生产、生活。对于城市轨道交通运输来说，有些自然灾害特别是水灾、地震等会对其生产活动产生巨大的危害。我们要从科学的意义上认识这些灾害的发展及后果，尽可能地减小它们所造成的危害，提出科学的预案并不断地演练，以便能够减少损失，迅速恢复生产和运营。

任务一　水灾应急处理

【任务目标】

知识目标：

1. 了解水灾对城市轨道交通运营的影响。

2. 熟悉水灾应急处理工作中各岗位的工作要点。

3. 制订水灾应急处理工作流程。

能力目标：

1. 根据应急处理工作流程，在教师的指导下，以小组合作、角色扮演等形式完成车站水灾应急处理演练。

2. 掌握应急抢险工具的使用规定和操作方法。

3. 能根据评价标准，对演练进行评价，指出不足。

4. 在任务驱动下，完成实训工单。

素质和德育目标：

1. 培养一丝不苟、就地响应的工作态度。

2. 培养安全生产责任意识。

3. 遵守规程，立足岗位，做好岗位工作，保障乘客出行安全。

4. 积极发现工作盲区，为应急工作提出合理建议，减少或预防事故，树立创新思维。

【案例引入】

2011年6月23日16时30分左右，北京突降暴雨，隆隆雷声夹杂闪电，呈现白昼如黑夜之势。此次降雨为2011年北京入汛以来最大降雨，市区不少地方积水严重。多个地铁车站出入口附近积水严重，导致积水沿车站出入口的楼梯迅速涌进地铁站厅及站台（见图2-1）。期间，站内运营秩序一度混乱。根据北京地铁公司消息：地铁1号线苹果园站、古城站停运。地铁1号线古城至苹果园上下行区间接触轨采取停电措施，地铁1号线在八角游乐园站折返，维持八角游乐园站至四惠东站运营。在此期间，地铁相关车站通过广播等措施告知乘客。

图2-1 北京地铁积水下灌

【相关知识】

为满足城市轨道交通沿线各车站及区生产、生活及消防的需要，需设给水、排水及消防系统。但是，在恶劣天气或洪涝灾害下，地面雨水和洪水会倒灌到地下车站或隧道中，超过车站排水系统最大承受能力，形成积水。积水一旦超过警戒水位，就会破坏车站或隧道内的信号和机电设备，影响正常行车安全，威胁到乘客和车站工作人员的安全。因而，城市轨道交通有关人员应掌握水灾应急处理办法，避免水灾带来的严重影响。

一、水灾的应急处理程序

在上述【案例引入】中，当城市轨道交通车站内出现水灾时，会危及乘客安全、运营管理、行车安全、设备设施安全等，因此车站工作人员务必高度重视，迅速处理。

1）暴雨期间，各岗位应加强巡视，发现情况及时汇报。

2）发现车站出入口水浸，应及时设置挡水板、防洪沙袋等防洪设施，防止雨水涌入站内。

3）在出入口处地面、楼梯、通道处设置"小心地滑"警示牌，防止乘客摔伤。

4）当出入口发生拥堵时，引导乘客到人少的出入口或进入站内，必要时向乘客发放一次性雨具。

5）需关闭出入口时，设置隔离带、"暂停服务"警示牌，引导乘客由别的出入口出站。

6）做好对乘客的广播。

7）发现设备故障（区间消防水管破裂、废水泵故障）、水淹轨道等情况，应及时报告行车调度员，安排设备维修人员抢修及排水。

8）如抢修作业需下线路，必须经行车调度员同意，确认停电后，方可安排进入轨行区。

二、各岗位职责

水灾的应急处理职责可分为车站工作人员的职责、调度员的职责、列车司机的职责以及机电检修人员的职责等。

1. 车站工作人员的职责

（1）值班站长的职责

1）接到行车值班员通报后，立即赶到受灾出入口进行处置，劝导乘客在出入站时注意安全，并引导乘客尽量从其他出入口进出站。

2）安排站务员、站厅保安、保洁员运送沙袋到受灾出入口砌挡水墙，抢险，并通知行车值班员向行车调度员请求关闭受灾出入口。

3）接到同意关闭受灾出入口通知后，安排客运值班员在站厅通道处设置隔离栏杆，张贴告示。

4）发现雨水有漫过挡水墙的趋势时，立即要求厅巡和站厅保安继续运沙袋到受灾出入口砌挡水墙，打开车站排水沟盖板，并要求邻站运送支援沙袋。

5）安排人员检查各设备用房是否有水浸现象。

6）发现隧道淹水时，及时接获控制中心的通知有关列车班次受影响而延误的信息，并启用车站广播通知车站乘客。

7）车站出入口恢复正常后，通知工作人员立即将沙袋撤除，让保洁员清理通道和楼梯的卫生，通知行车值班员报行车调度员，恢复车站正常服务。

（2）客运值班员的职责

1）接到值班站长指令后，在站厅通道处设置隔离栏杆，张贴告示，并做好乘客服务解释工作，引导乘客尽量从其他出入口进出站。

2）协助厅巡运送沙袋，堆砌挡水墙。

3）在抢险人员指挥下，安排全站人员投入抢险。

（3）行车值班员的职责

1）接到厅巡报告后立即报告值班站长、机电驻站人员和运行控制中心（OCC），通过闭路电视监控系统（CCTV）监控出入口情况，将情况报告行车调度员。

2）向行车调度员请求关闭受灾出入口；做好乘客广播服务工作，在乘客信息系统（PIS）上显示相关信息，向站长和站务室领导汇报。

3）监控水泵情况。

4）接到值班站长可以恢复运营的通知后，检查确认各类设备完好且运行正常并向行车调度员报告。

（4）站务人员的职责

1）发现车站地面积水持续上涨，有积水进入车站可能时，立即报行车值班员。

2）确认扶梯无人后停止自动扶梯运行，切断自动扶梯电源。

3）在站厅通道和出入口处设置隔离栏杆，张贴关闭出入口告示，并做好乘客服务解释工作，引导乘客从其他出入口进出。

4）观察水位情况，做好雨水导流工作。

5）协助厅巡运送沙袋，堆砌挡水墙，并在抢险人员指挥下投入抢险。

6）水灾抢险结束后撤除隔离栏杆及告示，恢复车站正常服务。

2. 调度员的职责

（1）行车调度员的职责

1）通过CCTV观察车站情况，保持与车站行车值班员联系，并向OCC汇报。

2）当隧道淹水时，通知所有列车司机有关受影响的沿线车站和区间；通知站务中心值班站长事故状况；注意监察，如水淹到钢轨底部时，该轨道区段在多媒体交互系统（MMI）或现场操作工作站（LOW）上显示红光带；通知事故段司机水淹到钢轨中部时限速25km/h，淹到钢轨顶部时限速15km/h；安排增加维修人员进入隧道查看。

3）指示在事故区间的列车司机须停留或以向前限速驾驶模式继续前进，或倒退回之前的站台以疏散列车乘客；指示列车司机在抵站后，将驾驶模式设定恢复为自动驾驶；调度在正线的列车因受此事故影响的运行。

4）随时了解水情变化，必要时，通知电力调度员将接触网（轨）停电。

5）当司机报告水已淹过轨面，列车无法通过时，立即扣停后续列车，确认后续进路空闲（或按维修调度员要求速度执行，并注意地面线路运行安全及区间积水情况，发现险情立即报告）；指示司机执行"退回车站"的安排。

6）当水灾结束后，执行值班主任下达"恢复列车营运服务"的指示；安排维修人员随乘出动，将事故记录在行车调度员日志。

（2）环控调度员的职责

1）密切监督环境与设备监控系统（BAS）及火灾报警系统（FAS）的运行状态。

2）监控环控系统相关设备运行。若发现故障，则应及时报修，并指挥设备故障处理、维修施工。

（3）电力调度员的职责

1）加强对调度范围内供电设备的操作管理。

2）电力调度人员应与行车调度员加强联系，密切配合、正确指挥，保证供电设备的正常运行。

3）当接到行车调度员的停电通知时，迅速、正确地切断相应的接触网（轨）电源。

3. 列车司机的职责

1）密切关注隧道内的水位情况，及时向控制中心报告淹水情况的事项，包括淹水的区段位置、水位的情况、增进或减退的趋势；请示列车是否能继续前进驶过此区段；如列车不能驶过此区段，启用车载广播通知列车乘客事故状况，继续间断性地用车载广播系统通知乘客有关的事故处理进展情况。

2）列车司机须根据控制中心调度员的指示，如列车须停留或以向前限速驾驶模式继续前进，或倒退回之前的站台以疏散列车乘客；如以向前限速驾驶模式驶过事故区段，在抵达下个车站后，与行车调度员确定将驾驶模式设定恢复为自动驾驶。

3）如果水位已到钢轨顶部，限速 15km/h 运行；如果水已淹过轨面，列车无法通过，司机须在行车调度员的指示下后退回车站。

4. 机电检修人员的职责

1）对水灾地点及时采取断水堵水措施，开启全部排水泵排水。

2）随时向值班站长和行车调度员报告水情。

3）按照抢险预案要求，进行紧急处理。

三、各部门之间的协调运作

城市轨道交通系统是一个复杂的系统，它的运作依赖于各部门的相互协作。尤其是当遇到诸如水灾等特殊情况时，各部门应迅速联合起来，保证城市轨道交通的安全以及应急处理程序有序开展。水灾时各部门之间的协调运作如图 2-2 所示。

四、抢险工具的使用及操作方法

一般来说，遇上台风、暴雨等极端天气，地铁出入口是最有可能被积水涌入的地方。为了防止出入口进水，地铁有"三道防线"。

1. 挡水板加沙袋

在地铁的每个标准车站，其出入口均高出周边地面 75cm 以上，出入口特意设计了数个向上的台阶（一般为 3 个或 4 个台阶），然后才是一路往下。当积水漫过二级台阶时，车站工作人员应在值班站长的指挥下放置挡水板，这个铝合金材质的防淹挡板会一道道地扣在地铁出入口的凹槽里，形成一道防线（见图 2-3）。

在这道防线后面，还会堆置 7.5kg 重的防汛沙袋。沙袋的堆放应尽可能密实，并逐层堆

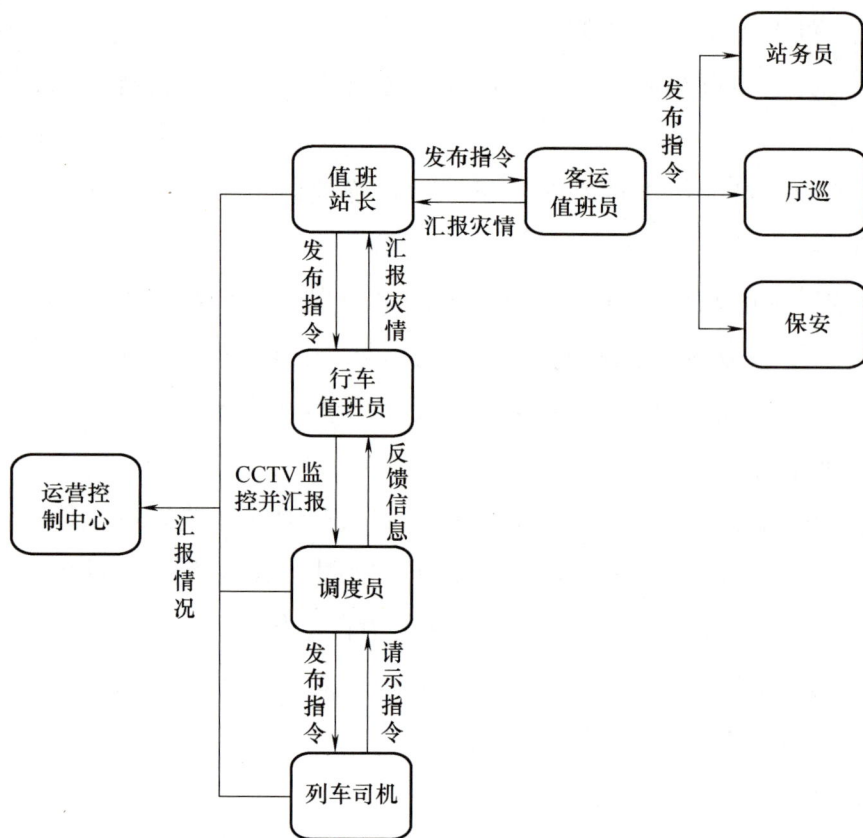

图 2-2　水灾时各部门之间的协调运作

放，避免因积水的迅速涌入而导致沙袋被冲垮。沙袋的堆放由站内工作人员协同负责，一般堆积 3~5 层。

2. 台阶下设集水槽

如果第一道防线失守，那么站务员应将出入口的自动梯停止使用。地铁地下还有一套排水系统。在车站每个出入口的最后一级台阶下方，都有一个集水槽。集水槽为边长 2m 的正方形，深 2.5m 左右，里面设置了抽水泵，通过管道与埋设在地表的市政雨水管相接。

3. 地漏加地铁防淹门

如果倒灌的雨水实在太多，第二道防线也"失守"时，最后一道防线就显得尤为重要。在地铁车站站厅层里，下面设置了长方形的地漏，水将直接进入地漏，然后用水泵抽出车站。

另外，为了保护地铁区间隧道，还有一项防淹的秘密武器，那就是"地铁防淹门"（见图 2-4）。这种防淹门用于地铁区间隧道有水淹可能的防护部位。在雨水通过地面出入口入侵地铁车站时，应根据人员疏散撤离情况，适时关闭区间隧道的防淹门，以免造成更大的损失。

图 2-3　挡水板

图 2-4　地铁防淹门

【拓展与提高】

一、暴雨预警信号标准

暴雨预警信号分四级，分别以蓝色、黄色、橙色、红色表示，红色暴雨预警信号为最高级。发布暴雨预警信号有助于提高警觉程度，减少人们生命财产损失等。

1）蓝色预警：12h 内降雨量将达 50mm 以上，或者已达 50mm 以上且降雨可能持续。

2）黄色预警：6h 内降雨量将达 50mm 以上，或者已达 50mm 以上且降雨可能持续。

3）橙色预警：3h 内降雨量将达 50mm 以上，或者已达 50mm 以上且降雨可能持续。

4）红色预警：3h 内降雨量将达 100mm 以上，或者已达到 100mm 以上且降雨可能持续。

二、地下车站排水系统

1. 车站废水排水

车站废水主要包括结构渗漏水、冲洗废水、消防废水以及敞开部位的雨水等。车站站厅层和站台层的冲洗废水、消防废水等由地漏引入车行道两侧的线路明线和站台板下的排水线内，线路明线通过线路坡度将废水汇集至车站废水泵房的集水池。站台下排水采用两边设小明渠，并依靠底板纵坡将废水汇集到废水泵集水池。

一般车站内设 1~2 座废水泵站。位置均设在车站的端头，集水池设在废水泵层下部。每座泵站内设 2~3 台立式排水泵或潜水泵。平时两台水泵互为备用，消防时两台并联使用，排出消防废水（消防废水由消火栓和自动喷水灭火系统产生）。废水由排水泵提升后排入市政下水管道。排水泵站排水管道一般沿车站风井处穿出车站后与市政下水道连通。废水排水管道口径一般为 DN150~200，集水池下设有反冲洗管，用于冲搅集水池底部，减少池内杂物沉淀。在排水管道的止回阀两端设有一根连通管道，用于反冲洗水泵的叶轮及吸水口，防止排水泵吸水口叶轮堵塞。

2. 区间隧道排水

城市轨道交通的区间隧道内主要有结构渗漏水、消防废水（消防废水由消火栓产生）、冲洗废水等。城市轨道交通采用高站位线路结构，所以在两个城市轨道交通车站之间中部的线路低洼处设置有排水泵站，大部分排水泵站设置在上、下行线两路之间的联络通道中。废水由线路两侧明沟汇集到泵站集水池。泵站一般设有两台潜水泵，两台潜水泵平时一用一备（互为备用）。消防时两台并联使用。

3. 车站污水排水

车站内厕所等生活污水由排水管道汇集至污水池（主要是厕所污水）。污水池设在污水泵站下部。每个车站一般设一个污水泵站。每个泵站设有两台潜水泵，平时一用一备（互为备用）。水泵采用水位就地控制，自动排水运行。同样车站控制室内可显示水泵运行情况。污水经水泵提升后一般排入设在地面的化粪池内。

4. 车站敞开式出入口和自动扶梯下排水

在车站敞开式出入口和自动扶梯下，设有排水泵两台。其集水池主要汇集敞开式出入口的雨水和车站结构的渗漏水。每个泵站设有两台潜水泵，平时一用一备（互为备用）。排水管道沿出入口穿出车站与市政排水管道连通。水泵采用水位就地控制，自动排水运行。运行方式同污水泵相似。

三、运营中心防洪应急物资配备标准

运营中心防洪应急物资配备标准见表 2-1。

表 2-1　运营中心防洪应急物资配备标准

序号	物资名称	型号规格	单位	数量	线别	备注
车站设备维保部门						
1	手提潜水泵	0.75kW，220V，扬程 24m	台	每站 1 台	各线路	
2	水带（带箍）	DN65，20m	卷	每站 1 卷	各线路	
3	电缆线盘架	LDA-3×1.5mm²，220V，50m	个	每站 1 个	各线路	
4	汽油发电机	220V/380V，4kW	台	1	各线路	
5	大功率水泵	5.5kW	套	2	各线路	
6	运输小车	承重大于 200kg	个	2	各线路	
7	钢管抬杠	Φ50mm，1.5m 长	根	2	各线路	
8	喉箍	DN65	个	10	各线路	
9	水带转换接头	可与 DN65 水带头快速驳接	个	1	各线路	
10	移动式配电箱	500×400×230（主开关 NC100H/3P D63A，分 3 回路）	个	1	各线路	

（续）

序号	物资名称	型号规格	单位	数量	线别	备注
行车设备维保部门						
1	手提潜水泵	0.75kW，220V，扬程24m	台	9	各线路	
2	汽油发电机	220V/380V，4kW	台	2	各线路	
3	电源线缆盘	330V/220V，30m	个	4	各线路	
4	PVC涂塑布篷	10m×10m	块	2	各线路	
5	PVC涂塑布篷	5m×5m	块	4	各线路	
6	水带（带箍）	DN65，20m	卷	9	各线路	
7	沙包	10kg	袋	500	各线路	
8	道砟	30~50mm	m³	200	各线路	
9	水泥	425#硅酸盐	包	10	各线路	
10	河沙	细沙	m³	10	各线路	
11	河沙	中沙	m³	10	各线路	
12	编织袋	中号（25kg）	个	1000	各线路	
13	塑料彩条布	宽3m	米	150	各线路	
14	帆盖布	10m×10m	块	5	各线路	
15	斗车	大号	辆	5	各线路	
通号维保部门						
1	手提潜水泵	0.75kW，220V，扬程24m	台	2	各线路	
2	水带（带箍）	DN65，20m	卷	10	各线路	
3	雨衣	套装雨衣	套	10	各线路	
4	荧光衣		件	10	各线路	
5	应急灯/探照灯		只	2	各线路	
6	大雨伞		把	2	各线路	
7	棉纱手套		双	10	各线路	
8	帆布手套		双	10	各线路	
9	防水鞋	高筒，防滑	双	10	各线路	
10	强光电筒		支	5	各线路	
11	安全帽		顶	10	各线路	
12	安全带		个	2	各线路	
13	扎带		条	200	各线路	
14	撬棍	500mm	把	2	各线路	
15	撬棍	1500mm	把	1	各线路	
16	钢锯架300mm	SATA93401	把	2	各线路	
17	钢锯片		条	5	各线路	

（续）

序号	物资名称	型号规格	单位	数量	线别	备注
车辆维保部门						
1	潜水泵	QX40-12-2.2	台	3	各线路	
2	水带（带箍）	DN65，20m	卷	15	各线路	
3	编织袋	大号	个	50	各线路	
4	编织袋	中号	个	50	各线路	
5	编织布	8m×10m	块	3	各线路	
6	防水帆布	5m×4m（配绳）	块	12	各线路	
7	帆盖布	2m×2m	块	12	各线路	
8	沙包	10kg	个	50	各线路	
车务管理部门						
1	沙包	10kg	袋	150	普通车站	
2	吸水膨胀袋	淡水型 DS-20B	个	20		
3	防水薄膜	透明，宽4m，100m/卷	卷	8		
4	防洪挡板	根据具体出入口尺寸	个	根据实际需求		
5	沙包	10kg	袋	250	重点车站	
6	吸水膨胀袋	淡水型 DS-20B	个	30		
7	防水薄膜	透明，宽4m，100m/卷	卷	15		
8	防洪挡板	根据具体出入口尺寸	个	根据实际需求		

【课后测评】

1. 水灾的应急处理程序有哪些内容？

2. 水灾应急处理中站务员的职责有哪些？

3. 地铁口要筑成哪三道防线，才能防止地铁进水？

任务二　暴雪、寒潮天气应急处理

【任务目标】

知识目标：

1. 了解暴雪、寒潮天气对城市轨道交通运营的影响。

2. 熟悉暴雪、寒潮天气应急处理工作中各岗位的工作要点。

3. 制订暴雪、寒潮天气应急处理工作流程。

能力目标:

1. 根据应急处理工作流程,在教师的指导下,以小组合作、角色扮演等形式完成暴雪、寒潮天气应急处理演练。

2. 掌握应急抢险工具的使用规定和操作方法。

3. 能根据评价标准,对演练进行评价,指出不足。

4. 在任务驱动下,完成实训工单。

素质和德育目标:

1. 培养一丝不苟、就地响应的工作态度。

2. 培养安全生产责任意识。

3. 遵守规程,立足岗位,做好岗位工作,保障乘客出行安全。

4. 积极发现工作盲区,对应急工作提出合理建议,减少或预防事故,树立创新思维。

【案例引入】

2016 年 11 月 22 日,郑州市区受雨雪天气影响,郑州轨道交通 1、2 号线客流激增,当日全线网客运量较以往日均客运量增长 50%。其中紫荆山站客运量达到 17 万人次,较以往日均客运量增加近 100%。

郑州地铁根据天气状况,于 22 日早 6 点及时启动恶劣天气专项应急预案,立即执行雪灾、道路结冰红色应急响应,在紫荆山站成立应急指挥部,抽调 500 余人次到各站支援。各车站提前整备防滑除雪应急物资,包括防滑垫、除雪铲、铁锹、大扫把、工业盐、草垫等,第一时间在车站出入口、楼梯口、通道等关键部位设置防滑垫,摆放防滑牌,提供爱心租借雨伞,播放提示广播,安排保洁人员加强巡视,及时打扫出入口积雪,并增派员工在电扶梯楼梯口、站台等处进行客流疏导。增开列车,全日共增开 36 列次,并延长运营时间。

(来源:郑州地铁资讯)

【相关知识】

一、气象灾害预警信号

根据中国气象局第 16 号令《气象灾害预警信号发布与传播办法》,预警信号由名称、图标、标准和防御指南组成,分为台风、暴雨、暴雪、寒潮、大风、沙尘暴、高温、干旱、雷电、冰雹、霜冻、大雾、霾、道路结冰等。

预警信号的级别依据气象灾害可能造成的危害程度、紧急程度和发展态势一般划分为四级,即IV级(一般)、III级(较重)、II级(严重)、I级(特别严重),依次用蓝色、黄色、橙色和红色表示,同时以中英文标识。

暴雪预警分级标准及防御指南见表 2-2。

表 2-2　暴雪预警分级标准及防御指南

暴雪预警信号级别	图标	标准	防御指南
蓝色预警信号	暴雪 蓝 SNOW STORM	12h 内降雪量将达 4mm 以上，或者已达 4mm 以上且降雪持续，可能对交通或者农牧业有影响	1）政府及有关部门按照职责做好防雪灾和防冻害准备工作 2）交通、铁路、电力、通信等部门应当进行道路、铁路、线路巡查维护，做好道路清扫和积雪融化工作 3）行人注意防寒防滑，驾驶人员小心驾驶，车辆应当采取防滑措施 4）农牧区和种养殖业要储备饲料，做好防雪灾和防冻害准备 5）加固棚架等易被雪压的临时搭建物
黄色预警信号	暴雪 黄 SNOW STORM	12h 内降雪量将达 6mm 以上，或者已达 6mm 以上且降雪持续，可能对交通或者农牧业有影响	1）政府及相关部门按照职责落实防雪灾和防冻害措施 2）交通、铁路、电力、通信等部门应当加强道路、铁路、线路巡查维护，做好道路清扫和积雪融化工作 3）行人注意防寒防滑，驾驶人员小心驾驶，车辆应当采取防滑措施 4）农牧区和种养殖业要备足饲料，做好防雪灾和防冻害准备 5）加固棚架等易被雪压的临时搭建物
橙色预警信号	暴雪 橙 SNOW STORM	6h 内降雪量将达 10mm 以上，或者已达 10mm 以上且降雪持续，可能或者已经对交通或者农牧业有较大影响	1）政府及相关部门按照职责做好防雪灾和防冻害的应急工作 2）交通、铁路、电力、通信等部门应当加强道路、铁路、线路巡查维护，做好道路清扫和积雪融化工作 3）减少不必要的户外活动 4）加固棚架等易被雪压的临时搭建物，将户外牲畜赶入棚圈喂养
红色预警信号	暴雪 红 SNOW STORM	6h 内降雪量将达 15mm 以上，或者已达 15mm 以上且降雪持续，可能或者已经对交通或者农牧业有重大影响	1）政府及相关部门按照职责做好防雪灾和防冻害的应急和抢险工作 2）交通、铁路、电力、通信等部门应当加强道路、铁路、线路巡查维护，做好道路清扫和积雪融化工作 3）必要时停课、停业（除特殊行业外） 4）必要时飞机暂停起降，火车暂停运行，高速公路暂时封闭 5）做好牧区等救灾救济工作

二、暴雪潜在的事故风险

1）雨雪天气时站台和出入口积雪易滑，寒冷天气使得客流激增、乘客滞留车站等造成客伤及踩踏隐患。

2）露天环境中的电梯的梯级、梳齿板表面易有结冰现象的产生。

3）钢轨冰冻会影响车辆牵引制动，尖轨与基本轨无法密贴，高架线路道岔应安装并及时检查融雪装置，保障雨雪冰冻天气下运营安全、正点。

4）停车场、车辆段与高架段等区域轨道积雪结冰，影响轨道交通列车进出库。

三、车站常备应对暴雪、寒潮的工具

车站应常备防滑地毯、推水器、除雪铲、铁锹、竹扫帚、安全警示标识、工业盐、草垫、防护用品等应对暴雪、寒潮的工具。

四、暴雪天气应急处理程序

（一）各岗位职责

1）各岗位要加强对各自区域的检查和巡视，发现危及运营安全情况时，立即向 OCC 行车调度员（以下简称行调）汇报。

2）行车值班员要立即赶赴现场了解情况，并组织人员进行处理。

3）司机应做到：遇到暴雪、寒潮天气影响司机瞭望或危及运营安全时，立即向行调汇报。特殊地段（出入基地、进站、曲线弯道）操纵列车，应采取降速运行、加强瞭望等安全措施，确保列车运营正常。

4）值班站长在暴雪、寒潮天气，加强对出入口的巡视，及时通知保洁做好地面清洁工作，留意电梯是否有异常情况，及时组织人力进行出入口的积雪清除工作。

5）行车值班员做好车站广播和 PIS 提示，提醒乘客注意防滑、防冻。

（二）应急响应

1. 指挥机构应急响应

1）OCC 值班主任根据气象预警信息，立即向有关部门通报，当暴雪、寒潮天气来临时，提供不同等级的预警、预报。

2）OCC 值班主任根据天气的影响程度和响应级别，向运营分公司领导报告。

3）指挥机构和现场处理机构成员接报后，立即赶赴各自岗位。

2. 调度应急响应

1）根据气象部门的天气预报或接到司机、车站、车辆段气候异常报告后，立即向值班主任汇报，并密切关注现场局势和列车运营状况。

2）对现场的暴雪、寒潮天气下的防范措施进行检查、指导，及时向司机、车站、车辆段发布运营信息。

3）执行指挥机构指令，对不具备安全运营条件的车站下达关闭命令。

4）组织具备运营条件的区段维持运营。

5）接到气象部门发布的暴雪、寒潮预警信号后，向车站、司机及相关部门发布预警信息。

6）了解出入段暴雪、寒潮情况，注意监控列车运行状态及供电、机电等电器设备运行状态。

7）了解暴雪、寒潮对地铁设备设施的损坏情况，及时组织人员处理。

（三）运营部门现场处置

1. 车站

1）与 OCC 加强联系，严格执行行调命令。

2）随时与现场保持联系，掌握现场动态，及时向 OCC 汇报现场最新动态。

3）做好乘客服务工作。采取广播、现场解释及引导等各种措施，稳定乘客情绪，维持现场秩序，尽力保证乘客安全。

4）协助现场处置机构全力进行救援抢险工作。

2. 司机

1）遇到瞭望条件不良时，司机必须鸣笛进站，并将现场情况及时向行调汇报。

2）与车站加强联系，列车发车前，车站派人协助司机瞭望乘客上下车情况，确认手信号"好了"后动车。

【拓展阅读】

寒潮中地铁人的敬业与坚守

12 月的青岛，寒潮来袭，一场突如其来的雨雪让整个城市变得银装素裹。青岛地铁人以雪为令，接触轨员工及时排查线路，连夜清除积雪，确保电客车出入场段安全；供电、机电、工务等岗位人员现场勘查，对关键处所进行检查，及时处理设备隐患，确保供电安全。

由于 13 号线西段均为高架站，站台直接暴露于室外，因此在站台岗上的工作人员需时常与寒风相伴，许多人常常是一天工作结束后，握对讲机的双手被冻得通红。此外，供电、工务、通号等工种的室外作业也很多，他们没有取暖设施相伴，但这并不能阻挡他们筹备新线运营的热情。新线参建同事们在寒潮之下的坚守，成为这个冬日里 13 号线上一道温暖的风景线。

（来源：青岛新闻网；作者：孙志文）

【课后测评】

1. 车站常用的暴雪天气应急物资有哪些？

2. 写出暴雪天气应急处理中的乘客广播词。

3. 写出暴雪天气应急处理信息汇报的内容。

任务三　大雾、灰霾天气应急处理

【任务目标】

知识目标：

1. 了解大雾、灰霾天气对城市轨道交通运营的影响。

2. 熟悉大雾、灰霾天气的应急处理工作中各岗位工作要点。

3. 制订大雾、灰霾天气应急处理工作流程。

能力目标：

1. 根据应急处理工作流程，在教师的指导下，以小组合作、角色扮演等形式完成大雾、灰霾天气应急演练。

2. 掌握应急抢险工具的使用规定和操作方法。

3. 能根据评价标准，对演练进行评价，指出不足。

4. 在任务驱动下，完成实训工单。

素质和德育目标：

1. 培养一丝不苟、就地响应的工作态度。

2. 培养安全生产责任意识。

3. 遵守规程，立足岗位，做好岗位工作，保障乘客出行安全。

4. 积极发现工作盲区，对应急工作提出合理建议，减少或预防事故，树立创新思维。

【案例引入】

央广网 1 月 4 日消息（记者王晶 王晓蕾）早高峰时段，为确保安全行驶，房山线地铁因为大雾能见度差而采取降速运行措施。北京房山线长阳车站外挤满了等待进站的乘客，"今天地铁限流，一个小时里滞留在房山沿线地铁站的人很多。"吕女士告诉央广网记者。

早上 7 点 09 分，北京地铁官方微博回应称：受天气影响，目前地铁房山线列车采取降速措施。随后，记者从北京地铁客服处获悉，采取降速的原因是浓雾导致的能见度差，而何时恢复正常运行则要看各站现场滞留情况和天气。"我们稍后会在官方微博上公布原因和实时动态。"客服人员告诉记者。

房山线是地上运营线路，需要降速运行确保安全，另因客流量大，车站需要采取限流措施减缓乘客进站速度，确保运营及乘降安全。地铁公司工作人员提醒乘客尽量配合现场工作人员引导。

【相关知识】

一、相关定义

1. 大雾

大雾是指空气中悬浮的微小水滴或冰晶使能见度显著降低的天气现象，可能对交通、电力、人体健康等造成危害。

2. 灰霾

灰霾是指大量极细微的干尘粒等气溶胶均匀地浮游在空中，水平能见度<10km，相对湿度

<95%的空气普遍浑浊天气现象，排除降水、沙尘暴、扬沙、浮尘、烟幕、吹雪、雪暴等天气现象造成的视程障碍，对人体健康、交通生态环境等造成危害。

灰霾等级：重度灰霾，能见度<2km；中度灰霾，2km≤能见度<3km；轻度灰霾，3km≤能见度<5km。

二、大雾、灰霾天气潜在的事故风险

1）因大雾影响导致钢轨湿滑，影响轮轨关系，导致列车空转滑行。

2）因大雾、灰霾影响导致能见度下降，司机的瞭望距离减少，给司机确认线路状况、信号及行车标志等造成困难。

3）因大雾、灰霾天气引发车厂及地面车站 FAS 探头误报火警。

4）户外施工作业人员受影响，电气设备容易受潮，影响设备使用。

三、大雾、灰霾天气应急处理程序

1. 应急响应条件

本地气象台发布黄色、橙色、红色大雾预警信号，黄色灰霾预警信号。

2. 应急处置措施

本地气象台发布大雾、灰霾预警信号，或列车司机报告线路能见度低于 200m 时，由 OCC/COCC（运营协调与应急指挥中心）启动应急预案。

大雾、灰霾天气各岗位应急处理职责见表 2-3。

表 2-3　大雾、灰霾天气各岗位应急处理职责

岗位	职责
线路OCC	1）气象部门发布大雾、灰霾天气预警信号后，向车站、司机及相关部门发布大雾、灰霾预警信息 2）通知车站和司机开启站厅、站台、区间全部照明和列车头灯，并加强驾驶瞭望 3）通知相关车站做好乘客服务工作，必要时向所管辖范围发布相关的运营服务信息 4）了解高架线路大雾、灰霾天气情况，注意监控列车的运行状态及供电、机电等电气设备运行状态 5）能见度小于30m的线路地段，组织列车安全运行，确保列车间隔距离在允许范围内，安排一名具备 URM（无信号系统保护的人工驾驶模式）资质以上人员添乘客车
车站	1）及时向行调汇报大雾、灰霾天气的最新情况。加强车站的巡视，留意大雾、灰霾天气对乘客的影响 2）根据现场照明情况，开启站厅、站台、区间的照明 3）在受大雾、灰霾天气影响导致湿滑的地方，放置警示牌 4）能见度小于30m的线路地段，安排一名具备 URM 资质以上人员添乘客车，以加强瞭望和监控速度

（续）

岗位	职责
司机	1）及时向行调汇报大雾、灰霾天气的最新情况。注意监控列车的运行状态，发现有"空转滑行"现象的，降低运行速度，并向行调报告 2）开启列车头灯，加强瞭望，客车限速60km/h运行，工程车限速40km/h运行，并及时向行调报告 3）根据客车的前照灯照明距离及制动距离，确定在不同的能见度下的客车限速：能见度小于30m，限速10km/h；能见度在30~50m，限速25km/h；能见度小于100m时，限速45km/h 4）根据工程车的前照灯照明距离及制动距离，确定在不同的能见度下的限速：能见度小于30m，限速10km/h；能见度在30~50m，限速20km/h；能见度小于100m时，限速30km/h

大雾、灰霾天气各岗位现场处置方案见表2-4。

表2-4　大雾、灰霾天气各岗位现场处置方案

岗位	现场处置方案
电客车司机	1）遇大雾天气导致能见度不足时，司机应加强瞭望，发现影响行车的情况时，及时采取措施，并向行调汇报 2）当司机瞭望距离大于200m时，不另行限速；当司机瞭望距离大于100m、小于200m时，采用MCS模式，限速60km/h运行；当司机瞭望距离小于100m时，采用MCS模式，限速45km/h运行 3）能见度恢复良好后，司机可自行提速并向行调汇报；如能见度降低，司机及时向行调汇报，按行调指令行车 4）当瞭望距离小于200m时，司机应鸣笛进站。列车发车前，司机确认站台人员发出"好了"信号后动车 5）司机发现影响安全的问题或能见度变化时，应及时将现场情况汇报给行调 6）司机可参照接触网立柱距离、站台门可见数量等判断瞭望距离，并将判断结果报告给行调
车场调度员	1）车场运营前应检查室外天气情况，发现气象灾害影响司机瞭望时及时报告给行调，并提前做好人员到岗等应急准备工作 2）场调重点布置确认瞭望距离；当确认地面线路瞭望距离小于200m时，应提前组织列车出场
信号楼调度员	车场运营前应检查室外天气情况，发现气象灾害影响司机瞭望时及时报告给场调，并提前做好人员到岗等应急准备工作
值班站长	1）瞭望距离小于200m时，安排站台人员确认车门、站台门完全关闭，且无夹人夹物后，使用信号灯向司机显示"好了"手信号 2）当高架/地面车站站台瞭望距离小于50m时，车站除了安排一名站务人员使用信号灯向司机显示"好了"手信号外，应增加一名人员在站台门位置协助确认站台安全
站务员	1）使用信号灯向司机显示"好了"手信号 2）另外一名站务员在站台门位置协助确认站台安全

03

项目三　事故灾难类突发事件应急处理

在管理学中事故灾难的定义是具有灾难性后果的事故，是在人们生产、生活过程中发生的，直接由人的生产、生活活动引发的，违反人们意志的、迫使活动暂时或永久停止，并且造成大量的人员伤亡、经济损失或环境污染的意外事件。此类事件具有三大特征：①引发的突然性；②状态的失衡性；③瞬间的聚众性。若此类事件在地铁内发生，处理稍不慎将产生灾难性后果。地铁中最常见的事故灾难主要有火灾、爆炸、大客流等，本项目将剖析以上事故的特点，并对事故发生后如何处理进行分组演练，让学生形成良好的团队合作能力、安全责任意识、心理素质和应变能力。

任务一　火灾应急处理

【任务目标】

知识目标：

1. 了解城市轨道交通中火灾的分类。

2. 熟悉城市轨道交通中火灾的处理方式和步骤。

3. 撰写城市轨道交通中火灾的报告程序和事后处理程序。

能力目标：

1. 以小组合作的方式，查阅资料，编制车站火灾应急演练计划。

2. 在教师的指导下，学生按照演练计划，以小组合作、角色扮演等形式完成车站火灾应急演练工作。

3. 掌握应急抢险工具的使用规定和操作方法。

4. 能根据评价标准，对演练进行评价，指出不足。

5. 在任务驱动下，完成实训工单。

素质和德育目标：

1. 牢固树立安全生产意识。

2. 发生险情时，勇于担当、敬业奉献，培养全面的职业素养。

【案例引入】

韩国大邱市地铁全长 28.3km，1997 年投入运营，每天运送乘客约 14 万人次。2003 年 2 月 18 日上午 9 时 55 分左右，已经过了上班的高峰时间，第 1079 号地铁列车上乘坐的大部分是老人和孩子。他们或翻看手中的书报，或闭目养神。除了车轮的声音，车厢里显得非常安静。他们做梦也没有想到，一场巨大的灾难正要降临到他们的头上。列车刚在市中心的中央路车站停住，第三节车厢里一名中年男子就从黑色的手提包里取出一个装满易燃物的绿色塑料罐，并拿出打火机试图点燃。车内的几名乘客立即上前阻止，但这名男子却摆脱阻拦，把塑料罐内的易燃物洒到座椅上，点着火并跑出了车站。

车内起火后，车站的电力系统立刻自动断电，站内一片漆黑，列车门因断电而无法打开。车内没有自动灭火装置。正当大火烧起来的时候，刚好对面站台驶进的一列车也因停电而无法动弹。大火迅速蔓延过去，两列列车的 12 节车厢全被烈火和浓烟包围。人们乱作一团，有的拼命撬门，有的四处寻找逃生的出口。

慌乱中，许多乘客因浓烟窒息而死。浓烟不仅从地铁出口向地面上的街道扩散，而且顺着通风管道蔓延至地下商场。200 多家商店纷纷关门。当地警方、消防部门在两分钟内接到了火警警报，迅速调集 1500 多名人员和数十辆消防车前往救援。军队也加入救援队伍。一时间，大邱市中心区警笛声响成一片，警察封锁了通往现场的所有路口。许多市民闻讯后赶到现场，寻找自己的亲属。事故现场周围哭声不断，交通陷入瘫痪。

此次火灾事故共造成 198 人死亡，146 人受伤，298 人失踪，教训非常惨痛。

【相关知识】

一、地铁火灾的特点与主要类型

1. 地铁火灾的特点

在轨道交通系统发生的事故灾难中，火灾所占比例最高，约占 30%，而地铁火灾作为城市轨道交通当中的主要灾难往往会造成重大的人员伤亡，国外著名的地铁火灾事故有：①1987 年 11 月 18 日晚，伦敦国王十字地铁车站发生重大火灾，持续 4 个多小时，造成 32 人死亡，100 多人受伤；②1995 年 10 月 28 日夜里，阿塞拜疆首都巴库的地铁发生一起恶性地铁火灾惨剧，造成 558 人死亡；③2003 年 2 月 18 日韩国大邱市地铁发生的人为纵火事件，造成 198 人死亡，146 人受伤，298 人失踪。由于地铁建筑一般位于地下，因此一旦发生火灾，势必造成严重伤亡，原因如下：

（1）氧含量急剧下降 地铁的空间连续性强、出入口较少，地下隧道发生火灾时，由于新鲜空气供给不足，气体交换不充分，产生不完全燃烧反应，导致一氧化碳等有毒有烟气体的大量产生，不仅降低了隧道内的可见度，同时也加大了疏散人群窒息的可能性。大气中含氧量大概是20%~25%，有研究表明：空气中含氧量降至15%时，人体肌肉活动能力会下降至10%~14%，此时人体会出现四肢无力、判断能力低、易迷失方向等情况；降至6%~10%时，人即会晕倒，失去逃生能力；当空气中含氧量降到5%以下时，人会立即晕倒或死亡。在韩国大邱市地铁火灾事故里，人们发现很奇怪的一点是，有多人在站台一张桌子附近倒地身亡。经过专家分析，原来在火灾发生时，浓烈的烟雾使地铁里漆黑一团，在人正常的视野高度根本看不见地面。慌乱的人群失去辨别自身周边情况的能力，于是一张桌子就成了大家逃生路线上的障碍物，以至于很多人始终在围着桌子跑，最终被烟气熏死。

（2）排热排烟性差 地铁建筑发生火灾时无法像地面建筑那样，烟可以通过破碎的窗户扩散到大气中，而是聚集在建筑物内，无法扩散，易使温度骤升，较早地出现"爆燃"。短时间内充满整个地下空间，给建筑内人员和救灾人员带来极大的生命威胁。

（3）火情探测和扑救困难 地铁火灾事故中，救援人员无法直观火场，只有详细询问和研究地下工程图，分析可能发生火灾的部位和可能出现的情况，才能做出灭火方案。同时地铁站出入口有限，而且出入口又经常是火灾时的冒烟口，消防人员难以接近着火点，扑救工作难以展开。再加上地下工程对通信设施的干扰较大，扑救人员与地面指挥人员通信联络困难，这些都给消防扑救工作增加了障碍。

（4）人员疏散困难 首先，地下隧道完全靠人工照明，正常电源照明就比地面建筑的自然采光差，加之火灾时，正常电源切断，依靠事故照明，人的视觉完全靠事故照明和疏散标志指示灯保证。其次，地铁发生火灾时逃生的出口和路线比地面建筑少，只能通过站台出口逃生。地面建筑内发生火灾时人员的逃生方向与烟气的自然扩散方向相反，人往下逃离就可以脱离烟气的危害。而在地铁里发生火灾时，人只有往上逃到地面上才算是安全的，而人员的逃生方向与烟气的自然扩散方向一致，烟的扩散速度一般比人步行快，所以人员极易在逃生过程中窒息而亡。

2. 地铁火灾的主要类型

（1）行车事故引起的火灾 列车追尾、相撞、脱轨等是引发火灾的主要原因。2003年1月25日，英国伦敦地铁1列8节编组的中央线列车在行经伦敦市中心一地铁站时脱轨并撞在隧道墙上，最后3节车厢撞在站台上并引发大火，32名乘客受轻伤。

（2）设备故障引起的火灾 地铁的安全运营涉及众多的设备，各种设备故障，特别是机电类故障及电器短路是引发火灾的一个重要因素。1982年3月16日，美国纽约地铁1列列车因传动装置故障引发火灾，86人受伤，1辆车报废。2005年8月26日早晨，北京地铁2号线1列列车第4节车厢顶部风扇线路短路，引起大火，消防员赶到现场紧急扑救，2号线停运

37min，没有人员伤亡。

（3）违法犯罪引起的火灾　发生在 2003 年 2 月 18 日的韩国大邱市地铁纵火事件，1 名乘客在列车中点燃了易燃品，最终导致 300 多人伤亡，直接经济损失达 5 亿美元。

（4）恐怖袭击引起的火灾　近年来，恐怖组织也越来越多地将黑手伸向社会影响较大的地铁车站和列车。2005 年 7 月 7 日，英国伦敦发生连环爆炸案，3 个地铁站和 1 辆双层公共汽车几乎同时发生爆炸，造成 50 余名乘客死亡，700 多人受伤，强烈地震惊了国际社会。

（5）由意外因素引起的火灾　这包括人为失误和许多意外因素引发的火灾。1977 年 3 月 9 日，法国巴黎地铁因天花板坠落而发生火灾。1979 年 9 月 8 日，美国纽约地铁列车因丢弃的未熄烟头而发生火灾。

各种类型的著名地铁事故见表 3-1。

表 3-1　各种类型的著名地铁事故

时间	地点	原因及后果
1903 年 8 月	法国巴黎	地铁列车在运行中因电路短路起火，造成 84 人死亡
1971 年 12 月	加拿大蒙特利尔	火车与隧道端头相撞引起电路短路，引发座椅起火，36 辆车被毁，司机死亡
1972 年 10 月	德意志民主共和国东柏林	车站和 4 辆车被毁
1972 年	瑞典斯德哥尔摩	人为纵火
1973 年 3 月	法国巴黎	第 7 节车厢人为纵火，车辆被毁，死亡 2 人
1974 年 1 月	加拿大蒙特利尔	车辆内废旧轮胎引发电路短路，9 辆车被毁，300m 电缆烧断
1975 年 7 月	美国波士顿	隧道照明线路被拉断，引发大火
1976 年 5 月	葡萄牙里斯本	牵引失败，引发火灾，毁车 4 辆
1976 年 10 月	加拿大多伦多	人为纵火造成 4 辆车被毁
1977 年 3 月	法国巴黎	天花板坠落引发火灾
1978 年 10 月	德意志联邦共和国科隆	丢弃的未熄烟头引发火灾，伤 8 人
1979 年 1 月	美国旧金山	电路短路引发大火，死亡 1 人，伤 56 人
1979 年 3 月	法国巴黎	乘客车厢电路短路引发大火，毁车 1 辆，伤 26 人
1979 年 9 月	美国费城	变压器火灾引起爆炸，伤 148 人
1979 年 9 月	美国纽约	丢弃的未熄烟头引燃油箱，2 辆车燃烧，4 名乘客受伤
1980 年 4 月	德意志联邦共和国汉堡	车厢座位着火，2 辆车被毁，伤 4 人
1980 年 6 月	英国伦敦	丢弃的未熄烟头引发大火，死亡 1 人
1981 年 6 月	俄罗斯莫斯科	电路引发火灾，死亡 7 人
1981 年 9 月	德意志联邦共和国波恩	操作失误引发火灾，车辆报废
1982 年 3 月	美国纽约	传动装置故障引发火灾，伤 86 人，1 辆车报废
1982 年 6 月	美国纽约	大火燃烧了 6 小时，4 辆车被毁

（续）

时间	地点	原因及后果
1982 年 8 月	英国伦敦	电路短路引起火灾，伤 15 人，1 辆车被毁
1983 年 8 月	日本名古屋	地下街地铁站因变电所整流器短路引起大火，大火烧了 3 个多小时，3 名消防队员牺牲，3 名救援队员受伤
1983 年 9 月	德意志联邦共和国慕尼黑	电路着火，2 辆车被毁，伤 7 人
1984 年 9 月	德意志联邦共和国汉堡	列车座位着火，2 辆车被毁，伤 1 人
1984 年 11 月	英国伦敦	车站站台仓库意外着火，车站损失巨大
1985 年 4 月	英国伦敦	垃圾引发大火，伤 6 人
1987 年 6 月	比利时布鲁塞尔	自助餐厅引起火灾
1987 年	俄罗斯莫斯科	火车燃烧
1987 年 11 月	英国伦敦	未熄灭烟头引燃木质扶梯，引发站厅大火，死亡 31 人，伤 100 多人
1991 年 4 月	瑞士苏黎世	地铁机车电路短路，2 节车厢起火，紧急制动时与另一列车相撞，重伤 58 人
1991 年	德国柏林	发生地铁火灾，18 人送医院急救
1991 年 8 月	美国纽约	地铁列车在运行中脱轨，引起火灾，造成 5 人死亡，155 人受伤
1995 年 4 月	韩国大邱	地铁扩建施工，因碰坏煤气管道发生爆炸，造成 101 人死亡，143 人受伤
1995 年 7 月	英国伦敦	车站连续爆炸，8 人死亡，200 多人受伤
1995 年 10 月	阿塞拜疆巴库	电动机车电路故障，死亡 289 人，伤 265 人
1998 年元旦	俄罗斯莫斯科	恐怖袭击造成爆炸，造成 3 人受伤
1999 年 10 月	韩国汉城郊外	地铁发生火灾事故，造成 55 人死亡
2000 年 4 月	美国华盛顿	地铁区间隧道内电缆故障引发火灾，造成 10 余人受伤，影响地铁运行 4 小时
2003 年 1 月	英国伦敦	列车快要进站时突然脱轨，冲向站台撞上墙壁，引发火灾，至少造成 32 人受伤，事故原因是机械故障
2003 年 2 月	韩国大邱	人为纵火，死亡 198 人，伤 146 人，失踪 289 人
2004 年 2 月	俄罗斯莫斯科	自杀式恐怖袭击，爆炸引发了大火，造成近 50 人死亡，100 多人受伤

二、相关消防设施设备

以上海地铁为例，地铁有两级火灾报警系统，一级是设在车站的火灾报警系统，另一级是设在中央控制室的火灾报警系统；现场设备有自动灭火喷淋系统，自动灭火喷淋系统有水喷和气喷两种，可以针对不同的火灾原因进行调控。在隧道内设有消火栓、应急照明和报警电话。地铁列车车厢内安装了车载灭火器支架，设置了 256 套灭火器材，并在车厢内的醒目位置设置发光指示标志，注明取用方法，方便乘客在紧急状态下使用。在 23 座地下车站配置防毒面具 178 套，地铁隧道内还设有专门的排烟装置，一旦发生火灾，隧道内的事故风机系统就会启动，在最短时间内排出有毒烟雾，防止窒息。另外，倘若列车车厢内发生意外，在车门不能开启的情况下，车头前面特设的"逃生门"可以通过人工开启，疏散客流。除此以外，地下车站设应急灯光疏散标志，同时也设有安全禁令标志。城市轨道交通车站内一般有如下消防设备设施。

1. FAS

火灾报警系统（Fire Alarm System，FAS）是利用计算机技术、检测技术和电子通信技术，以火灾为监控对象，根据防火要求和特点而设计的。系统既能对火灾发生进行早期探测和自动报警，又能根据火情位置，及时输出联动灭火信号，启动相应的消防设施灭火，将火灾消灭在萌发状态，最大限度地减少火灾危害。其结构如图 3-1 所示。

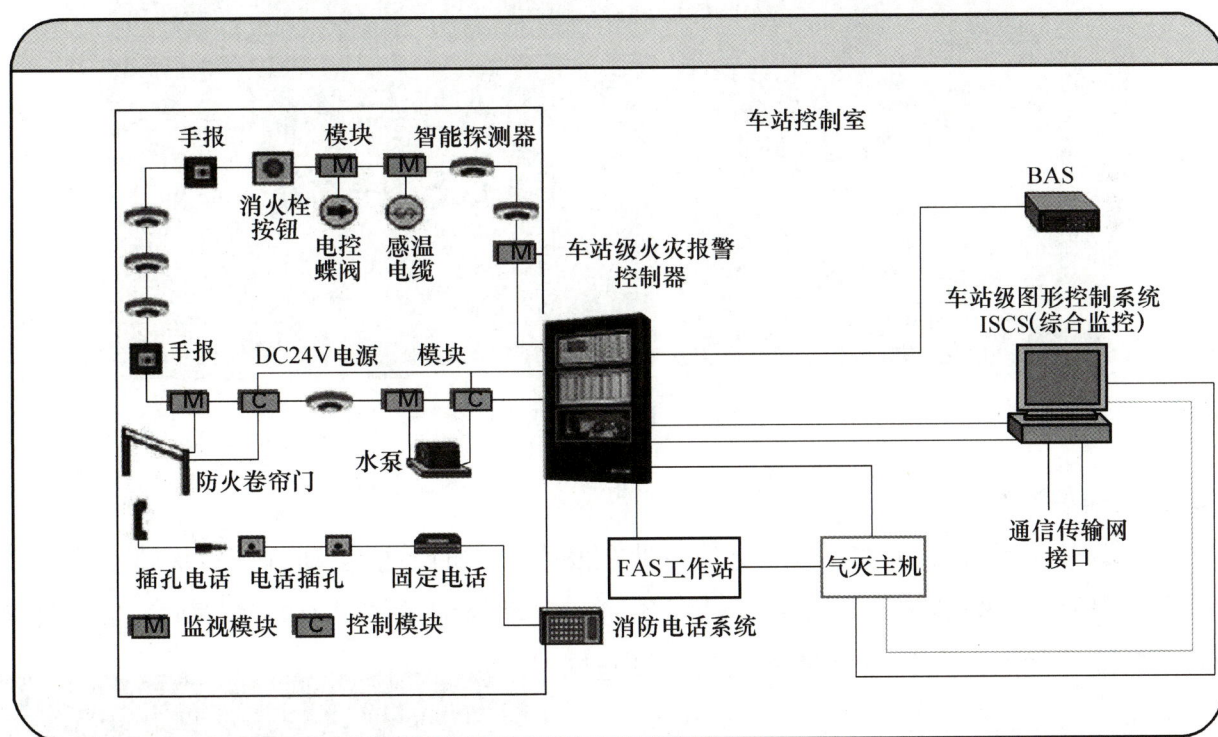

图 3-1　FAS 结构

FAS 的一般功能：

1）火灾报警。

2）系统状态监控。

3）防排烟系统联动：与 BAS 的模式联动。

4）防火卷帘联动：车站卷帘门分为两种，一种是安装在疏散通道上的防火卷帘，另一种是作为防火隔断的防火卷帘。

5）感烟式火灾探测器和感温式火灾探测器交叉对称布置，当感烟式火灾探测器和感温式火灾探测器同时动作时，防火卷帘下降。

6）气体灭火设备联动。

7）给水排水设备联动。

8）电梯联动。

9）AFC（自动售检票）联动。

FAS 联动功能如图 3-2 所示。

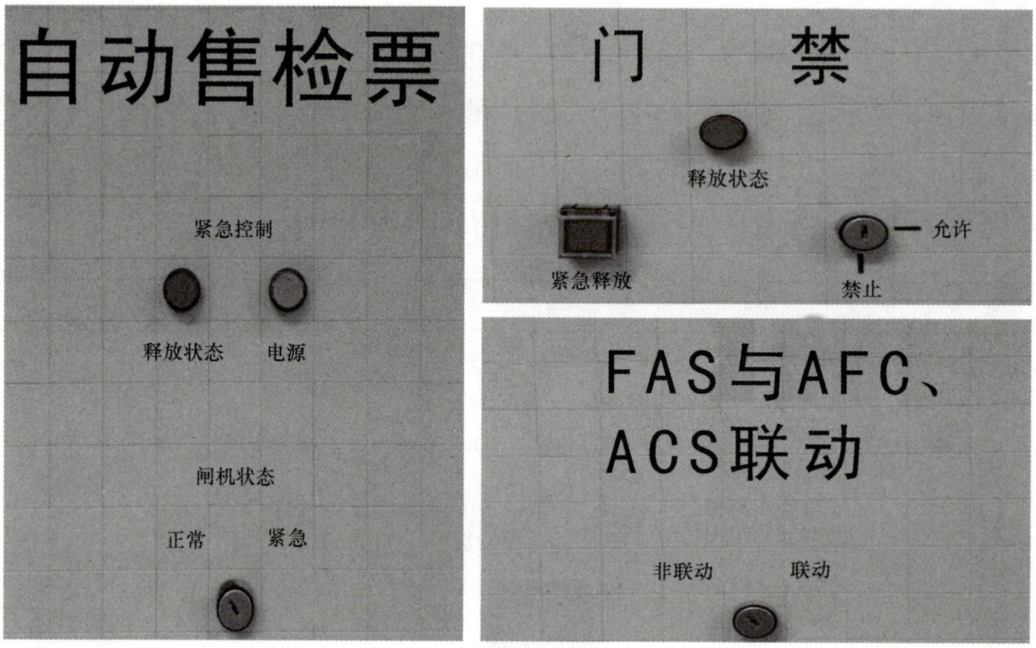

图 3-2　FAS 联动功能

2. 其他地铁消防设备

（1）自动喷淋系统　自动喷淋系统是一种在发生火灾时，能自动打开喷头喷水灭火并同时发出火灾报警信号的消防灭火设施（见图 3-3）。自动喷淋系统具有自动喷水、自动报警和初期火灾降温等优点，并且可以和其他消防设施同步联动工作，因此能有效控制、扑灭初期火灾。

自动喷淋系统由水泵、湿式报警阀、管网、闭式喷头、泄水试验装置、控制系统等组成（见图 3-4）。自动喷淋系统灭火时间为 1h；火灾发生温度升至 68℃时，烧破闭式喷头的玻璃球，水流指示器及湿式报警阀压力开关动作，启动水泵向着火区域供水灭火。

图 3-3　自动喷淋系统

（2）消火栓　消火栓是一种固定式消防设施，主要作用是控制可燃物、隔绝助燃物、消除着火源。消火栓主要供消防车从市政给水管网或室外消防给水管网取水实施灭火，也可以直接连接水带、水枪出水灭火（见图 3-5）。

地铁消火栓设置要求：

1）消火栓口径均为 DN65，水枪喷嘴直径为 19mm，每根水带长度为 25m，栓口距地面或

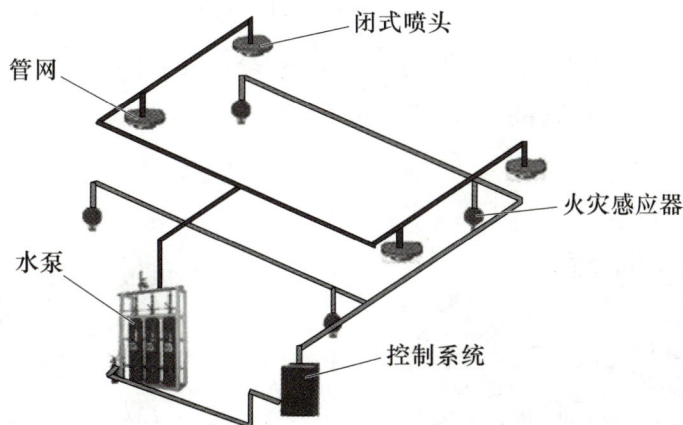

图 3-4 自动喷淋系统

楼板高度应为 1.1m。

2）在车站的站厅、站台等公共场所内，宜将消火栓与灭火器共箱设置，箱内配备水带、水枪、自救式消防软管卷盘和灭火器。车站其他部位的消火栓箱可不设自救式消防软管卷盘。设双口双阀消火栓箱时，箱内可配一根 25m 的水带。

3）消火栓的布置应保证有两只水枪的充实水柱同时到达室内任何部位。水枪充实水柱不应小于10m。消火栓的间距，应按计算确定，但单口单阀消火栓不应超过 30m，双口双阀消火栓不应超过

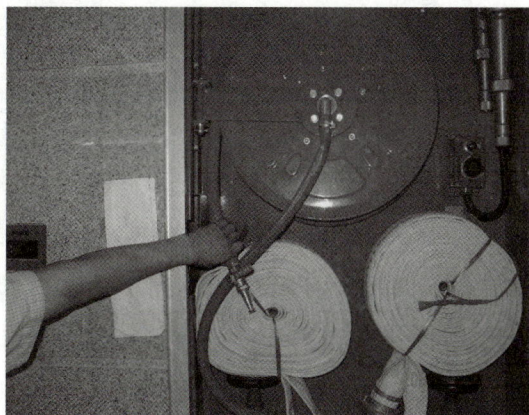

图 3-5 消火栓

50m。地下区间隧道（单洞）内消火栓的间距不应超过 50m。人行通道内消火栓间距不应超过 30m。

4）消火栓口的静水压力不超过 0.8MPa，消火栓口处出水压力不超过 0.5MPa。

5）地下区间隧道的消火栓，可以不设消火栓箱，不配水带。但应将水带放在邻近车站端部的专用消防箱内。

6）当车站设有消防泵房时，消火栓处应设水泵启动按钮。

（3）火灾探测器 火灾探测器是 FAS 的组成部分，在消防火灾自动报警系统中，它是对现场进行探查，发现火灾的设备。火灾探测器是 FAS 的"感觉器官"，它的作用是监视环境中有没有火灾的发生。一旦有了火情，就将火灾的特征物理量，如温度、烟雾、气体和辐射光强等转换成电信号，并立即动作向 FAS 控制器发送报警信号。火灾探测器包括烟雾探测器、温感探测器、火焰探测器。

1）烟雾探测器：烟雾探测器（见图 3-6）即感烟式火灾探测器，烟雾探测器在内外电离室里面有放射源镅-241，电离产生的正、负离子，在电场的作用下各自向正负电极移动。在正常的情况下，内外电离室的电流、电压都是稳定的。一旦有烟雾窜逃外电离室，干扰了带电

粒子的正常运动，电流和电压就会有所改变，破坏了内外电离室之间的平衡，于是无线发射器会发出无线报警信号，通知远方的接收主机，将报警信息传递出去。

2）温感探测器：温感探测器即感温式火灾探测器，分为定温式探测器和差温式探测器（见图3-7）。

图3-6　烟雾探测器　　　　图3-7　温感探测器

定温式探测器是在规定时间内，火灾引起的温度上升超过某个定值时启动报警的火灾探测器。它有线型和点型两种结构。其中线型是当局部环境温度上升达到规定值时，可熔绝缘物熔化使两导线短路，从而产生火灾报警信号。点型定温式探测器利用双金属片、易熔金属、热电偶热敏半导体电阻等元件，在规定的温度值上产生火灾报警信号。

差温式探测器是在规定时间内，火灾引起的温度上升速率超过某个规定值时启动报警的火灾探测器。它也有线型和点型两种结构。线型差温式探测器是根据广泛的热效应而动作的，点型差温式探测器是根据局部的热效应而动作的，主要感温器件是空气膜盒、热敏半导体电阻元件等。

3）火焰探测器：火焰探测器（见图3-8）又称感光式火灾探测器，它是用于响应火灾的光特性，即探测火焰燃烧的光照强度和火焰的闪烁频率的一种火灾探测器。根据火焰的光特性，火焰探测器有三种：第一种是对火焰中波长较短的紫外光辐射敏感的紫外探测器；第二种是对火焰中波长较长的红外光辐射敏感的红外探测器；第三种是同时探测火焰中波长较短的紫外光和波长较长的红外光的紫外/红外混合探测器。

图3-8　火焰探测器

（4）手持灭火器　手持灭火器（见图3-9）是一种可携式灭火工具。灭火器内放置化学物品，用以扑灭火灾。灭火器是常见的防火设施之一，存放在公众场所或可能发生火灾的地方，不同种类的灭火筒内装填的成分不一样，是专为不同的火情而设的。使用时必须注意以免产生反效果和引起危险。

三、火灾现场处理

地铁作为现代化的城市轨道交通工具，承担着越来越重要的大客流运输任务。由于地铁建筑结构复杂、环境密闭，加上人员密集，一旦发生火灾，人员安全及疏散问题十分严峻，往往会造成重大的人员伤亡和财产损失，社会影响力十分巨大。因此，完善地铁火灾处理机制，对于有效地组织现场应急处置、减少地铁火灾所带来的人员伤亡和财产损失，意义十分重大。

图 3-9　座椅下的手持灭火器

1. 列车火灾的处理

（1）列车在区间隧道内火灾的处理

1）司机的处理：

① 确认起火位置、火势，并迅速向行车调度员或就近车站报告。

② 视情况保持运行至前方车站，并广播安抚乘客，引导乘客使用车上灭火器进行灭火自救；根据现场情况和行车调度员命令，改变驾驶模式，减速慢行至前方车站；列车到站后开启车门和站台门，协助、引导乘客疏散。

③ 如车辆在区间隧道不能运行，司机应立即降弓，施加停放制动，按照行车调度员的相关命令组织乘客疏散。若列车中部发生火灾，按照行车调度员命令，与两端车站工作人员一起组织向两端疏散乘客。

2）车站的处理：

① 行车值班员接到司机或行车调度员的报警通知，了解火情后，立即报告值班站长，通知相关岗位人员，并广播引导乘客紧急疏散；按压 AFC 紧急按钮，关闭广告灯箱电源。

② 客运值班员接到通知后，立即到车控室协助行车值班员的工作，中央级控制不能实现时按控制中心指令操作 BAS 及相关环控设备。

③ 站务员负责站厅乘客疏散，拦截乘客进站，引导消防队进站。

④ 站台岗组织列车、站台与值班站长一起进入区间协助疏散乘客，并协助灭火救援工作。

⑤ 列车在区间疏散乘客时，站台门保持关闭，车站站台岗打开端墙门疏散乘客。

⑥ 列车在区间疏散乘客时，车站值班站长带领车站站务人员或救援人员做好防护进入事故地点，协助司机疏散并确认人员疏散完毕；需要时车站应派人把守救援通道，防止乘客误入非疏散区间。值班站长保持与相关各方的联系，并按相关指示执行。

（2）列车在站台的火灾处理　站台火灾的处理如图 3-10 所示。

1）司机的处理：

① 用列车广播安抚乘客，引导乘客使用车上灭火器进行灭火自救。

② 打开车门和站台门，引导乘客疏散。

③ 确认列车起火位置、火势，迅速向行车调度员和所在车站报告。

④ 保持与行车调度员联系，听从行车调度员指挥。

2）车站的处理：

① 值班站长担任"事故处理主任"，到现场了解情况，组织灭火、疏散和救助乘客，保持与各方的联系。

图 3-10　站台火灾处理

② 行车值班员接报列车在站台发生火灾后立即通知值班站长，广播通知乘客列车发生火灾情况，暂停列车服务，引导乘客尽快疏散出站，并报地铁公安，视情况拨打"119""120"急救电话；按压 AFC 紧急按钮；关闭广告灯箱电源。

③ 客运值班员接到通知后，立即到车控室协助行车值班员，在中央级控制不能实现时按控制中心指令操作 BAS 及相关环控设备；协助疏散、救助站厅乘客。

④ 站务员关停站厅及出口扶梯，负责站厅乘客的疏散、救助工作，拦截乘客进站，引导消防队进站，疏散、救助乘客。

⑤ 售票员应立即停止售票，并做好票款保管工作。

⑥ 站务员负责关停站台层扶梯，组织列车或站台上的乘客疏散、救助乘客，并协助灭火救援工作。

2. 车站火灾的处理

车站火灾的处理如图 3-11 所示。

1）车站的处理：

① 行车值班员接报火警后立即通知值班站长；待火情确认后向行车调度员请求暂停列车服务；向乘客广播车站发生火灾情况，指引乘客尽快疏散出站；按压 AFC 紧急按钮；关闭广告灯箱

图 3-11　车站火灾的处理

电源；视情况拨打紧急电话并及时向环控调度员汇报火灾模式运行情况及现场排烟效果。

② 车站发生火灾后，值班站长需第一时间赶到事故发生位置确认火情。确认火情后担任"事故处理主任"，保持与各方的联系，组织灭火和疏散、救助乘客。

③ 客运值班员接到通知后，立即到车控室协助行车值班员的工作，中央级控制不能实现时按控制中心指令操作 BAS 及相关环控设备。

④ 站务员关停站厅出口扶梯，负责站厅乘客的疏散、救助工作，拦截乘客进站，确认升降梯无人后锁闭升降梯，引导消防队进站，并协助灭火工作。

⑤ 站台岗负责关停站台层扶梯，引导站台乘客疏散，并协助灭火工作。

⑥ 在疏散乘客过程中如火势封住某端出入口，站务员则应组织乘客从另一端出入口疏散出站。

2）司机的处理：

司机接车站发生火灾通知后，听从行车调度员指挥，并做好乘客广播，如在区间则立即将自动开门设置为手动位置，按行车调度员指示扣车或不停车通过失火车站。

3. 区间隧道火灾的处理

1）运营期间区间隧道发生火灾，两端车站的处理：

① 行车值班员接到区间隧道火灾报警后，了解火情，立即报告行车调度员，并通知值班站长及相关岗位人员，广播引导乘客紧急疏散。事故区间的后端站立刻进行扣车处理。

② 客运值班员接到通知后，立即到车控室协助行车值班员的工作，中央级控制不能实现时，按控制中心指令操作 BAS 及相关环控设备。

③ 站务员负责站厅和站台的乘客疏散。

④ 值班站长带领站务员和保安员协助疏散、救助乘客。

⑤ 站台门应保持关闭，值班站长保持与相关各方的联系。

2）运营结束后区间隧道发生火灾的处理：

夜间列车停运后区间隧道发生火灾应做以下应急处理：发现人作为现场第一责任人，在火灾发生初期（10min 之内），利用就近灭火器材扑救初期火灾，同时利用站间电话或其他通信工具报告相邻车站和 OCC。

车站接报后应进行以下处理：

① 行车值班员接到区间隧道火灾报警后，了解火情，立即报告行车调度员，并通知值班站长及相关岗位人员，做好灭火准备。

② 值班站长带领车站员工，按照行车调度员的要求，做好相应灭火、救助工作。

四、火灾报告与事后处理

良好、畅通的信息传递能够使事故损失减少到最低、最小限度。如果关系到行车事故的话，事故发生后能否及时、迅速地开通运营线路，恢复正常行车秩序，直接关系到行车事故发生后的处置。

1. 一般事故报告程序

以行车事故为例，一般事故报告程序如图 3-12 所示。

2. 事故现场报告及现场处理

1）应当及时、准确、完整、逐级上报，任何部门和个人对事故不得迟报、漏报、谎报或者瞒报，实行"首报、续报、终报"制度。

2）事故发生之后，首先要做的工作是立即抢救伤员，疏散有关人员，并迅速采取措施防

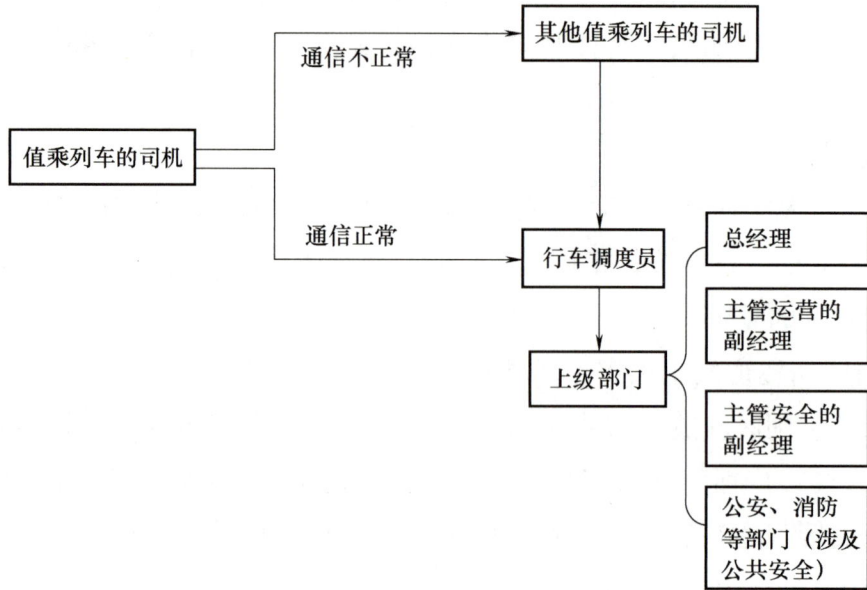

图 3-12　一般事故报告程序

止事故蔓延扩大；事故发生部门负责人接到事故报告后，应立即组织抢救伤员，采取有效措施，防止事故扩大，减少人员伤亡和财产损失，做好善后工作。

3）认真保护好事故现场，不得故意破坏现场及毁灭有关证据，应当妥善保护事故现场以及相关证据。确因抢救伤员、防止事故扩大以及恢复行车等原因，需要移动现场某些对象时，须做出标志、拍照，详细记录和绘制事故现场图。

4）死亡事故现场还需经过当地劳动、安全、公安等部门的同意后才能清理。

3. 事故信息报告程序

（1）首报

1）事故概况。

2）事故发生的时间、地点以及事故现场情况。

3）事故的简要经过。

4）事故已经造成或者可能造成的伤亡人数（包括下落不明的人数）和初步估计的直接经济损失。

5）已经采取的措施。

6）其他应当报告的情况。

（2）续报　事故具体情况暂时不清楚的，事故发生部门可以先报事故概况，随后补报事故全面情况。一般事故、较大事故每日至少续报 1 次；重大事故、特别重大事故每日至少续报 2 次。自事故发生之日起 30 日内（道路交通、火灾事故自发生之日起 7 日内），事故造成的伤亡人数发生变化的，应于当日续报。

（3）终报　其应包括事故经过、基本事实、原因分析、结论意见、责任分析、处理意见、经济损失（直接与间接）、防范措施等基本内容。

4. 事故责任划分与判定

（1）事故责任按程度分 其分为全部责任、主要责任、次要责任、同等责任、一定责任、无责任，具体划分如下：

1）全部责任：负有事故损失及其不良影响100%的责任。

2）主要责任：负有事故损失及其不良影响60%~90%的责任。

3）次要责任：负有事故损失及其不良影响30%~40%的责任。

4）同等责任：各方均负有事故损失及其不良影响的相同比例的责任。

5）一定责任：负有事故损失及其不良影响10%~20%的责任。

6）无责任：造成事故的全部原因为公司外部单位或外部个人，或者由于外来不可抗力造成的事故。

（2）事故责任按责任关系分 其分为直接责任、领导责任、管理责任等，具体划分如下：

1）直接责任：职责范围内，不履行或者不正确履行自己的职责，对造成的事故损失起决定性作用的责任。

2）领导责任：领导干部（管理人员）由于工作失误或失职造成所管辖的部门或人员发生事故所应承担的责任。

3）管理责任：由于违法组织生产、玩忽职守、违章指挥、管理混乱、隐患没及时处置或必要的监督及监控缺失等，对造成的事故损失有管理方面的责任。

（3）事故责任判定 判定方法是通过对直接原因和间接原因的分析，确定事故的直接责任者和领导责任者；对于直接责任者和领导责任者，根据其在事故发生过程中的作用，确定事故的主要责任者。

事故责任判定应遵循以下原则：

1）事故全部由一方原因造成的，则其承担全部责任。

2）事故由两方原因造成的，主要原因方承担主要责任，非主要原因方承担次要责任或一定责任。

3）事故由三方或三方以上原因造成的，视各方责任而依次承担主要责任、次要责任及一定责任；具有造成事故非直接原因但与事故发生有着一定关系的，则负有一定责任。

4）事故由两方或多方原因造成，当各方责任等同时，则各方承担同等责任。

5）事故由两方或多方原因造成，但各方推诿扯皮，造成责任难以分清时，可裁定各方均承担全部责任。

6）因材料质量（含零配件）原因，致使设备设施质量不良而造成事故或不良影响的，按照设备设施材料采购中责任大小划分责任；上述问题重复发生时，由采购部门与使用部门共同承担责任。

7）由于不可抗力的外因造成的事故，不计入事故指标；若因处理不当而造成次生事故，将追究有关部门和个人责任。

8）在正线上因车辆调试作业而发生的事故，由于车辆本身技术问题而引发的，由负责组织调试作业的单位或部门承担主要责任（60%）；在非正线上因车辆调试作业而发生的事故，由于车辆本身技术问题而引发的，由负责组织调试作业的单位或部门承担主要责任（70%）；如由于其他原因造成的仍按正常事故处理；车辆在质保期内，因质量问题引发安全事故的，定责车辆承包商，如质量问题已经有反映，但是未进行处理，车辆承包商与相关部门都应负有责任。

9）因承包商在地铁范围内进行设备维修、施工而造成的运营事故，属承包商责任事故；施工现场监督管理部门承担管理责任。

10）因货物装载不良或押运人员监督不力而发生的事故，由装载部门或押运部门承担责任。

11）由于车辆、设备、设施、器材、装置发生异常状况而发生事故时，其事故责任按以下原则处理：①对于尚无明确分工的项目，按主体责任原则，设备管理部门承担主要责任（60%），按属地管理原则，相关部门承担次要责任（30%），负责确定分工的部门承担一定责任（10%）。②对于已有明确分工的项目，按设备分工由责任部门承担全部责任。③车辆、设备、设施、器材、装置发生异常状况时，由于处理人员操作不当直接导致发生事故时，属该处理人员及所属部门承担全部责任。

12）凡隐瞒事故、弄虚作假、破坏证据等，一经查清，属该部门或人员全部责任。

13）当一起事故具有多种定性条件时，按照事故性质等级高的定性。

📋 【拓展阅读】

当地铁发生火灾时，工作人员应该具备哪些品质？

2003年2月18日，韩国大邱市，金某乘搭开往大邱站方向的1079号列车时，在中央路站一段区间利用盛满汽油的牛奶瓶纵火。由于列车座位采用易燃物料，再加上火灾发生时正好有对头列车（1080号）驶近，火势一发不可控制。整个中央路站都陷入一片火海，导致至少198名乘客死亡，其中大部分都是乘搭1080号列车的乘客，他们被大火烧死或被浓烟呛死。另有至少146名乘客受伤。

崔金某作为1079号列车的司机在发生火灾的时候应该尽快联络车站，但是他选择逃跑，这让火灾越发不可收拾。

车站的工作人员在监视器里看到1079号车发生火灾后马上通知1080号列车司机崔某，让他进站的时候小心一点。4min后1080号列车进站，停在了正在燃烧的1079号列车旁边，火势很快蔓延到1080号列车上，自动火焰探测器探测到了火灾的存在，立刻切断了1080号列车的电源，防止列车出站。

崔某一直试图与站台联系，但是一直联系不上，最后他拔出主密匙，手动打开了一些车门，有剧毒的黑烟立刻涌入车厢，不少人瞬间被熏倒，车厢里大多数乘客很快失去了逃跑的能力。事后调查证明，1080 号列车死的人比 1079 号列车上的人还多。

1080 号列车的司机崔某在逃出地铁后失踪了 11 个小时，但是调查人员调查发现他和地铁公司有过通话，1080 号列车的主密匙被发现藏在一个火车站的办公室里，当时的监控录像也被销毁，调查人员认为地铁公司想要掩盖崔某失职的真相。

2003 年 2 月 26 日，警方逮捕了正在医院就医的金某、1079 号和 1080 号列车的司机以及大邱地铁公司的 6 名高官，也是在同一天大邱地铁公司的社长辞职。最终崔金某和崔某因为失职分别被判 4 年和 5 年监禁，金某因为纵火罪和杀人罪两条重罪被判终身监禁。

【课后测评】

1. 地铁火灾的特点有哪些？
2. FAS 的全称是什么？它有哪些功能？
3. 火灾探测器的主要类型有哪些？
4. 发生火灾后车站的处理程序和司机的处理程序有哪些？
5. 发生火灾后如何进行事故报告？

任务二　爆炸应急处理

【任务目标】

知识目标：

1. 了解城市轨道交通中引起爆炸事故的主要爆炸物。
2. 熟悉城市轨道交通爆炸事故的特点。
3. 制订城市轨道交通爆炸应急处理工作流程。

能力目标：

1. 根据应急处理工作流程，在教师的指导下，以小组合作、角色扮演等形式完成车站爆炸的应急演练。
2. 掌握应急抢险工具的使用规定和操作方法。
3. 能根据评价标准，对演练进行评价，指出不足。
4. 在任务驱动下，完成实训工单。

素质和德育目标：

1. 培养一丝不苟、就地响应的工作态度。
2. 培养安全生产责任意识。

3. 严格执行安检程序，加强巡查，及时发现可疑物品，降低事故发生概率。

4. 积极发现工作盲区，为防爆工作提出合理建议，减少或预防事故，树立创新思维。

【案例引入】

2005 年 7 月 7 日早上交通高峰时间，4 名受"基地"组织指使的英国人在伦敦三辆地铁和一辆巴士上引爆自杀式炸弹，造成 52 名乘客遇难，700 多人受伤。此次恐怖袭击被称为"伦敦七七爆炸案"。爆炸案在伦敦获得 2012 年夏季奥林匹克运动会主办权不足一日后发生，同时，八国集团首脑会议也正在英国举行。事发后，伦敦地铁全部关闭。这起事件是一起伤亡极为惨重的一次恐怖主义袭击事件。

各国媒体对该事件进行了报道。据法新社报道，伦敦警方 7 日称，伦敦当天清晨发生的 7 起爆炸造成了大量人员伤亡。伦敦 6 处地铁车站在人流高峰期遭受了爆炸袭击。据初步统计的数字，多起爆炸已造成至少 90 人死伤，死伤数字可能进一步增加。根据 BBC 报道，早上 8 时 51 分，7 人于离地铁利物浦街站约 91m 的列车爆炸中死亡；8 时 56 分，21 人于一列在地铁罗素广场站及英皇十字站间行驶的列车爆炸中死亡；9 时 17 分，7 人于埃奇韦尔路站的列车爆炸中死亡。

从案例可见，目前城市轨道交通防爆反恐的形势不容乐观。作为城市轨道交通的工作人员，在当前形势下，应该具备哪些能力和知识？

【相关知识】

一、城市轨道交通中会引起爆炸事故的主要爆炸物

1. 爆炸物品类

1）弹药：炸弹、手榴弹、照明弹、燃烧弹、烟雾弹、信号弹、催泪弹、毒气弹和子弹等。

2）爆炸器材：炸药、雷管、导火索、导爆索、非电导爆系统、爆破剂等。

3）烟火制品：礼花弹、烟花、爆竹等。

4）上述物品的仿制品。

2. 易燃、易爆物品类

1）氢气、氧气、丁烷等瓶装压缩气体、液化气体。

2）黄磷、白磷、硝化纤维（含胶片）、油纸及其制品等自燃物品。

3）金属钾、钠、锂、碳化钙（电石）、镁铝粉等遇水燃烧物。

4）汽油、柴油、煤油、苯、乙醇、油漆、稀料、松香油等易燃液体。

5）闪光粉、固体酒精、赛璐珞等易燃固体。

6）过氧化钠、过氧化钾、过氧化铅、过氧乙酸等各种无机、有机氧化物。

二、城市轨道交通中的爆炸事故的特点

1. 爆炸的危害

1）直接破坏。直接造成机械设备、装置、容器和建筑的毁坏和人员伤亡，爆炸后产生碎片（一般碎片在100～500m内飞散），碎片击中人体则造成伤亡，飞出后会在相当大的范围内造成危害。图3-13为地铁站内放置疑似爆炸物的防爆桶，以防碎片伤人。

2）冲击波破坏。冲击波破坏也称爆破作用。爆炸时产生的高温高压气体产物以极高的速度膨胀，像活塞一样挤压周围的空气，把爆炸反应释放出的部分能量传给压缩的空气层。空气受冲击而发生扰动，这种扰动在空气中传播就成为冲击波。

3）导致火灾。爆炸气体产物的扩散发生在瞬间内，对一般可燃物来说，不足以造成起火燃烧，而且冲击波造成的爆炸风还有灭火作用。但一般的爆炸是由易燃物出现燃爆所导致的，所以爆炸与火灾往往同时出现。

图3-13　防爆桶

4）中毒和环境污染。在实际生产生活中，许多物质不仅是可燃的，而且是有毒的，发生爆炸事故时，会有大量有害物质外泄，造成人员中毒和环境污染。

2. 爆炸事故处置难点

1）初期火灾不易控制。

2）易造成大量人员伤亡。

3）除扑救火灾、处置险情外，人员救助任务繁重。

4）现场秩序混乱，疏散组织工作难度大。

5）难以在第一时间掌握现场情况，需要反复侦查，多方询问。

6）处置措施要有针对性，对专业技术要求较高，需要指挥员了解爆炸物质的理化性质，判断准确，随机应变，果断决策，还要有丰富的实战经验，掌握最佳灭火时机。

三、城市轨道交通中的爆炸事故的处理

1. 炸弹、不明气体、物体等的恐吓事件应急处理办法

当地铁工作人员接到电话、书面或电子邮件等各种形式的恐吓信息时，应立即开展下列工作：

1）接获恐吓信息后，地铁员工应立即向其上级领导报告。OCC应立即向公安部门报告该恐吓事件，并通知受影响车站的值班站长、行车线上的列车司机及各紧急救援抢险部门。

2）由公安部门确定恐吓信息的真实性，在车站进行不公开或公开的搜索行动。

3）车站接到恐吓信息后，不公开搜索程序。

4）值班站长立即安排停止所有清洁工作，依次搜索所有公众范围及所有非公众范围，及时将最新进展通知安全经理。

5）公安人员前往有关车站，参与搜索行动，与值班站长保持密切联系，了解搜索工作的最新进展。

6）若发现可疑物品或有毒气体，值班站长应报告公安负责人员，请示是否进行二次搜索。公安负责人员向所有搜索人员问询搜索情况，将搜索结果上报上级公安部门。

2. 爆炸应急处理办法

地铁线路或列车发生爆炸事件时，有关单位、部门应立即开展下列工作（图3-14为某地铁车站正进行爆炸模拟演练）：

1）车站发生爆炸后，就近岗位站务人员应迅速、准确查明爆炸发生的时间、地点、涉及列车的车次、人员伤亡等情况，立即向行车值班员报告。

2）行车值班员接到站务人员报告后，应立即向行车调度员、公安派出所报告，通知值班站长、站区长等各级领导。

图3-14 某地铁车站进行爆炸模拟演练

3）值班站长应立即到达现场并在上级领导及公安人员未到达之前担任现场负责人，指挥、组织现场处理工作。

【拓展阅读】

科技创新：防爆消防灭火机器人走进武汉地铁

在武汉地铁8号线塔子湖站消防演练现场，长江日报记者发现了一个灭火"神器"：被称作防爆消防灭火机器人的设备投入了救援现场，机器人外形类似坦克，但神通广大，倾斜角达到30°的楼梯都不被它放在眼里，如履平地般直接从地面冲入地下，直奔"火场"。

设备供应商、中信重工机械股份有限公司有关技术人员在现场解释，这台机器人可攀爬的最大斜坡坡度为38°，每小时最大移动距离为4.5km，与人步行速度相当。机器人前、后各安装有一个摄像头，喷水处还有一个摄像头，行进过程中能自动识别前方物体，如有阻挡物，机器人还能自动停下。

（来源：长江网　作者：长江日报记者 张晟）

【课后测评】

1. 能引起爆炸事故的主要爆炸物有哪些？

2. 爆炸的危害有哪些？

3. 炸弹、不明气体、物体等的恐吓事件应急处理办法有哪些？

任务三　突发性大客流应急处理

【任务目标】

知识目标：

1. 分析突发性大客流产生的原因和种类。

2. 熟悉突发性大客流的应急处理程序。

3. 制订突发性大客流应急处理工作流程。

能力目标：

1. 根据应急处理工作流程，在教师的指导下，以小组合作、角色扮演等形式完成突发性大客流应急演练。

2. 掌握相关设备、设施的使用规定和操作方法。

3. 能根据评价标准，对演练进行评价，指出不足。

4. 在任务驱动下，完成实训工单。

素质和德育目标：

1. 树立安全生产意识。

2. 立足本职，坚守岗位，做好客流疏导工作。

3. 及时发现工作盲区，提出合理有效建议，增强创新意识。

【案例引入】

2015 年 4 月 20 日，深圳的"上班族"们像往常一样穿梭于地铁的人流之中，开始新的工作周。在蛇口线换乘环中线的黄贝岭站，一名女乘客因没吃早餐低血糖而晕倒，引发乘客奔逃踩踏，造成 12 名伤者被急救送医。

夸张的惨叫，人流突然像瀑布一样冲过来，地面上的鞋子、雨伞、眼镜、早餐、挎包等一片狼藉……这是受害者李女士对 20 日发生的深圳地铁 5 号线踩踏事件的印象，"我当时以为是恐怖事件或者是列车出事了，本能地往楼梯口跑，但中途摔了一跤，后背和手都被踩了，眼镜也被挤没了。"事发时（见图 3-15），正是上班高峰期，站台内挤满了人。晕倒女子周围的乘客因了解情况，比较镇静，但因往后退、让出救援空间，而产生"波浪"效应，其他乘客也开始往后退，随后演变成有人开始跑，并且有人开始惊叫，导致越是远处不明真相的乘客越害怕，跑得越慌乱，随后引发了踩踏事件。12 名伤者均为轻伤，生命体征平稳。在罗湖人民医院现场可以看到，深圳地铁派了十余名工作人员为伤者提供相应的后勤保障服务，包括送餐和支付医药费。

图 3-15　突发性大客流现场

上班高峰期、人员密集、恐慌心理等要素叠加在一起，诱发了地铁踩踏事故，市民紧急救援训练和地铁踩踏预防系统建设亟待引起重视，以做到防患于未然。

【相关知识】

一、突发性大客流产生的原因

大客流是指车站在某一时段集中到达的客流量超过车站正常客运设施或客运组织措施所能承担的流量时的客流。大客流一般在大型文体活动散场时或重要枢纽节假日期间发生。当车站较平常同一时段客流陡增或出现异常情况时，可判断为车站大客流出现。大客流虽然持续时间不长，但其冲击往往对客流组织形成较大甚至巨大的压力，如组织不当或措施不当，则会出现乘客抱怨不满，甚至可能发生拥挤、踩踏等人身伤亡事故。

1. 正常情况下大客流的形成特点

（1）形成时间　大客流主要集中于节假日及上下班的高峰期等。

（2）形成地点

1）与其他交通方式相连接的地铁站。

2）地铁的换乘站，不仅在地铁内部会出现大客流，地铁出入口也会出现大客流（见图 3-16）。

3）与地铁沿线景点和商业中心相连接的地铁站。

（3）形成原因

1）客流增长。地铁线网的逐步完善及地铁公司行车间隔的缩短，使得地铁对乘客出行的吸引力将越来越大，客流会逐年以较大的幅

图 3-16　突发性大客流下的地铁出入口

度增长。

2）地铁的沿线举行重大的社会活动，以及商家进行的大型促销活动，也会使地铁客流急剧增长。

3）临时大客流。比如明星开演唱会等活动，一般会出现短时的客流暴增。

2. 非正常情况下的大客流

（1）特殊气象灾害情况　特殊气象如雷雨大风、暴雨、高温、冰雹或道路结冰等，导致路面人群由地铁进行分流，从而引起大客流。

（2）火灾情况　由自然的、化学的或生物的原因而引起的自燃起火，用火不慎、不遵守操作规程，机械、电气设备不良、安装不当而引起的火灾甚至人为纵火，必然会引起二次大客流。

（3）列车晚点　列车晚点会使车站的人数逐渐增多，乘车需求大于供给，导致大客流的发生。

1）高峰时期客流密集，上下车乘客过于拥挤导致列车停站时间过长，并导致列车晚点。

2）各种事故的发生导致的列车晚点等，如：

① 站台事故。乘客站台发生的各种客伤或者打架事故，会导致人群聚集，列车停站延时，从而导致大客流的发生。

② 线路阻隔。城市轨道交通系统中，线路上的任何意外都可能导致线路堵塞，短时间的堵塞将可能引起列车晚点，长时间的堵塞可能影响列车交路的实现，乘客聚集站内，从而引起大客流的发生。

③ 列车故障。列车在运行中发生故障，势必会对线路造成堵塞，导致乘客滞留，从而引发二次大客流。

二、引起突发性大客流的主要因素

1. 影响大客流的主要因素

1）一定时间内的乘客人数：在单位时间内进入地铁的乘客越多，大客流的现象越严重。大量乘客进站乘车首先需要买票进站或者刷卡进站，因此大客流首先会发生在站厅的非付费区域。

2）大量进站乘客的持续时间：如果大量进站乘客的持续时间较长，随着时间的推移乘客总数也会增加，进而带来大客流。

3）乘客结构群：如使用单程票乘客、使用非接触式储值卡的乘客。使用单程票的乘客如果较多会导致自动售票机（TVM）附近客流聚集。使用非接触式储值卡的乘客较多时，自动检票机（AG，也称闸机）附近可能会发生客流聚集，影响到安全。

4）瞬间客流量：瞬间客流量是指在很短时间内（一般 15min 以内）进入地铁的乘客急剧增长，这样突如其来的大批客流会使进站闸机出现混乱，影响安全；若在短时内无法满足乘客进站需求，易导致乘客的不满。

5）车站结构：各个车站的设计都不同，站台站厅也是各有不同，因此各车站面对同样的大客流的组织方法、措施以及采取措施的时机都不相同。

6）不确定因素：地铁运营涉及的设备、环节多而且复杂，无论哪类设备或某个环节出问题都有可能影响地铁运营，有可能引发大客流现象。运营中的不确定因素很多，面对这种情况地铁工作人员一定要熟知各种应急预案。

2. 车站设计因素对大客流的影响

地铁车站是乘客乘降列车、候车以及聚集的区域，车站的以下设计因素对客流的影响较大：

1）车站出入口及通行通道的通过能力。这个因素对车站客流的影响比较大，出入口的位置、数量和规模通常根据车站周边环境以及客流进出的方向和数量确定。但基于运输安全以及消防安全、人流疏散等角度考虑，车站至少应保持两个以上的出入口通道开通。

2）自动售票、检票设备能力。其主要包括自动售票机和自动检票机这两大类，它们的数量、服务能力以及分布位置对客流的组织效率产生着直接影响。车站应保持售票、检票设备的正常运行，避免因为机器故障导致乘客滞留。

3）乘降设备的通过能力，即自动扶梯、楼梯的通过能力。其数量与分布位置是根据车站客流量的预测在车站建设时就提前确定的，对站内客流的疏导与组织也产生着一定的影响。

4）列车运送能力。这是车站乘客疏散效果的重要影响因素。其本身主要受车辆行车间隔以及列车负荷（载客量）大小的影响和制约。

5）特殊条件下应急处理能力。当遇到大型活动、恶劣天气时，客流骤然增加导致上下车困难，乘客在站台内长时间停留。此时，地铁站应该有应急处理措施应对，及时疏散乘客，保证地铁的正常运行（见图3-17）。

图 3-17　突发性大客流情况下的应急处理措施

三、突发性大客流的应急处理程序

1. 大客流的级别

车站大客流：通常情况下，当车站客流达到车站容纳量的70%以上时，认为车站发生大客流。

根据各车站运能，依据大客流可能造成的危害程度、波及范围、影响大小、行车中断时间、人员伤亡及财产损失等情况，划分为一般级、较大级、重大级三个等级。

1）一般级，即Ⅲ级突发大客流，是指站台较拥挤，地铁运营秩序未受到较严重影响，通过车站及邻站支援能够处置的突发大客流。

2）较大级，即Ⅱ级突发大客流，是指站台、站厅都较为拥挤，地铁运营秩序受到一定影响，以地铁公司为主能够处置的突发大客流。

3）重大级，即Ⅰ级突发大客流，是指站台、站厅和出入口都较为拥挤，预计持续超过30min以上，地铁运营秩序受到严重影响，可能或已经造成人员伤亡、财产损失等后果。

2. 突发性大客流应急处理程序

突发性大客流即因地铁周边环境影响，或因设备故障导致设备能力不足等不可预见的情况而发生突发性进/出站客流增大，超过车站设备承受能力的情况。

1）处置突发性大客流遵循"安全第一、分级控制、合理引导、及时疏散"的原则。控制客流应遵循"由下至上、从里到外"的原则，站长或值班站长在车站出入口、入闸机组、站厅与站台的楼梯/扶梯处进行客流控制。

2）站长或值班站长及时了解产生突发性大客流的原因、规模，以及可能持续的时间，合理安排岗位。

3）值班站长及时组织人员维持秩序，理顺购票队伍，增设兑零点，对乘客做好疏导、服务工作（见图3-18）。

图3-18　理顺购票队伍

4）票亭减慢兑零速度。

5）行车值班员监控15min进站客流变化。如车站现有人员无法应对突发性大客流，值班站长需组织驻站人员参与客流控制，同时安排行车值班员通知公安部门，报告行车调度员请求支援。行车调度员接到车站汇报后，立即向当班值班主任报告，并通过CCTV进行客流监视；值班主任了解情况后向当值调度员宣布进入车站大客流处理状态，视情况决定调整运营；环控调度员注意观察客流情况，增加站内新风量；电力调度员加强对各变电所运行情况的检查。

6）出现特大客流时，车务部门应立即请示运营总部，要求调派列车直达特大客流车站进行增援。

7）站台拥挤时，值班站长立即安排其他岗位员工或支援人员到站台维持候车秩序，对站厅与站台的楼梯、扶梯处进行第一级客流控制，先让下车乘客出站，再放坐车的乘客进入站台，控制进站的乘客人数。行车值班员及站台员工利用广播提醒乘客注意安全，同时加强对站台乘客候车动态及站台门工作状态的监控。

8）遇突发性大客流，必要时调度值班主任有权下达临时封站命令，待车站客流缓解后，站长/值班站长报行车调度员后解除临时封站命令，恢复按时刻表行车。

9）若因设备故障造成列车晚点，引发车站乘客拥挤时，车站值班站长安排行车值班员及时通知公安部门协助，安排巡视岗/客运值班员在出入口、票亭及进闸机前摆放告示，告知购票进闸的乘客列车延误的信息；同时做好退票和公交接驳的准备工作。

10）由于特殊气象（如暴雨等）导致突发性大客流时，车站值班站长及时安排员工做好滞留乘客的疏散工作。

11）结束条件：车站客流有效缓解，恢复正常，站长或值班站长报告地铁控制中心，经地铁控制中心同意后宣布结束预案的实施。

12）站务中心在启动大客流预案后两日内写出书面总结，内容应包括事件原因、规模、采取的措施、设备状况、人员表现、不足之处、改进建议等。

【课后测评】

1. 非正常情况下大客流的形成有哪些特点？
2. 影响突发性大客流的主要因素有哪些？
3. 大客流的级别有哪些？
4. 处置突发性大客流的应急处理分几个级别？

04

项目四　行车事故及车站设备故障突发事件应急处理

项目描述

　　行车事故和车站设备故障突发事件在很多城市的应急处理文件中属于事故灾难类突发事件，但由于造成行车事故的原因众多，车站设备故障不尽相同，因此我们特地开辟了一个项目，让同学们尽可能全面地了解和掌握这一知识点。

　　在城市轨道交通列车运行的过程中，列车出现行车事故，必将对城市轨道交通运营带来不利的影响。这种影响的大小既和事故的严重性有关，也和城市轨道交通运营指挥人员的应急处理能力有关。本项目将选取发生概率相对较大、对列车运行安全和客运服务影响较大的列车车门故障、列车牵引制动系统故障、列车挤岔和脱轨三种情况进行阐述。

任务一　列车车门故障的应急处理

【任务目标】

知识目标：

1. 了解车门故障的风险。

2. 熟悉城市轨道交通车门故障的应急处理原则。

3. 掌握常见的车门故障处理方法。

能力目标：

1. 根据应急处理工作流程，在教师的指导下，以小组合作、角色扮演等形式完成"几个车门状态不正常且故障车门无法排除"应急演练。

2. 各岗位间熟练进行信息汇报。

3. 能根据评价标准，对演练进行评价，指出不足。

素质和德育目标：

1. 爱岗敬业，强化工作中的标准规范意识，全面加强作业中的安全防护，增强职业认同感和责任感。

2. 培养对我国自主研发制造的高质量列车"走出国门，走向世界"的自豪感，提升民族自信。

【案例引入】

2014年2月，南京地铁1号线安德门站，提示列车车门即将关闭的黄色蜂鸣灯已经闪烁，一名中年男子试图挤进车门，最后却被夹在列车车门和站台门之间。幸亏车站保安发现及时，强行扒开站台门，将该男子拽出。类似事件曾多次造成南京地铁的列车车门和站台门发生机械故障，地铁列车被迫清客回库修理，导致全线运营延误。上海地铁也曾发生一男乘客无视警示信号，强行上车，被夹在站台门和列车之间，列车起动后，该男子被挤压坠落隧道致死。

想一想：为什么会发生这类事故？如何防范？

【相关知识】

1. 车门故障安全风险

在列车自动控制（ATC）系统中，列车自动驾驶（ATO）子系统的主要作用是控制列车自动运行。列车车门工作状态是在ATO驾驶模式运行中，由ATO发出自动指令及列车自动保护（ATP）系统监督授权下操作的；在手动（SM）和向前限速（RM）模式运行中，车门操作都是在ATP监督授权的情况下由司机操作的；在紧急情况下，待列车停顿时，由运营人员或乘客手动操作紧急启动柄由车内打开车门。

分析以往的车门故障事故，可以知道城市轨道交通列车车门故障存在以下几种安全风险：

1）车门与站台门之间夹人。

2）车门开闭门过程中夹人。

3）在列车非站台侧车门开启。

4）列车运行中车门意外开启。

5）切除未锁闭的车门。

2. 车门故障处理原则

1）尽量缩短在线故障处理时间。

2）司机需要处理车门故障时及处理完毕后都应及时向行车调度员汇报。

3）出现非正常故障时，司机尽可能进站停车。

4）车门不能正常关闭时，应进行列车清客，站务人员及时做好引导及安抚工作。退出服务时，列车在区间及通过站台时应限速运行。

3. 常见的车门故障和应急处理方法

（1）一节车同一侧有一个/两个车门开/关故障

1）司机再次按下开/关门按钮，尝试对故障的车门再开/关一次。如车门打开/关闭，则重复上述动作一次。

2）如车门仍有故障，在确认车门故障后，若车门已关闭，由站务人员用方孔钥匙将车门切除。若不能关闭，手动关门后，用方孔钥匙将车门切除。

3）站务人员贴上"车门故障暂停使用"的字条后继续投入运营。

（2）一节车同一侧有三个或多于三个车门故障

1）司机重复两次按下开/关门按钮，对故障的车门尝试再开/关一次。如果车门依旧没有开/关，则重复上述动作。

2）如故障还没消除，司机需要检查相应的空气开关是否分断，复位分断的空气开关，复位正常后继续运营。

3）在确认车门故障后，若车门已关闭，由站务人员用方孔钥匙将车门切除。

4）若不能关闭，手动关门后，用方孔钥匙将车门切除。

5）站务人员贴上"车门故障暂停使用"的字条后维持运行到终点后退出运营。

（3）故障车门无法正常关闭，并且用方孔钥匙也不能切除　司机确认车门不能关闭，并且用方孔钥匙也不能切除。这时司机根据行车调度员的指示就近清客。清客后司机使用"旁路开关"关闭车门，再驾驶列车运行至终点退出运营。

（4）司机关门后出现车门紧急解锁

1）司机确定门关好灯是否亮，若亮则继续运营。

2）若门关好灯不亮，根据故障指示找到相应车门，用方孔钥匙将车门右侧立柱上的红色解锁手柄复位到水平位置；门关好灯亮，继续运营。

3）若紧急解锁手柄已在水平位置，确认车门已关闭，用方孔钥匙将车门切除，门关好灯亮，继续运营。

4）若在运行中出现车门紧急解锁，列车产生紧急制动（ATP保护），列车停车后司机对相应车门进行处理。

（5）按下"开门"按钮，全列车车门无法打开

1）司机再次按下"开门"按钮，重新开门。

2）如确认车门依旧有故障。司机检查司机室内相应电器柜的空气开关，并复位分断的空气开关，如故障排除则继续运营。

3）如故障不能排除，将上述开关重新断合一次。

4）如故障仍不能排除，司机应该将手柄转为"洗车"模式后按"开门"按钮。

5）如果车门能打开，则关闭列车车门后，司机将手柄转为手动模式，运营到下一站后，检查车门功能是否正常；如果车门开关正常则恢复正常运营，否则重复上述操作，列车运行

至终点退出运营。

6）如果列车门还是未能打开，用方孔钥匙打开每节车外墙上的"车门紧急解锁"装置，通过每节车的一扇门进行清客，就近退出运营。

（6）按下"关门"按钮，全列车门无法关闭

1）司机按下"关门"按钮重新关门，确认故障。

2）如果车门仍无法关闭，则司机检查相应电器柜的空气开关，复位分断的断路器，如果闭合则将其重新断合一次。故障不能排除，将上述开关重新断合一次。

3）如果还不能解决，司机应在请示行车调度员后就近清客。

4）清客后司机使用"旁路开关"将控制列车开关门的电气回路旁路后关闭车门，再驾驶列车运行至终点退出运营。

（7）所有车门已关好，门关好灯不亮，也无车门故障显示

1）司机再次通过司机控制台重新开/关门，如果门关好灯显示正常，则继续运营。

2）如故障不能排除，则司机检查相关电器柜断路器，复位分断的断路器，如果闭合则将其重新断合一次。

3）如果门关好灯显示正常，则继续运营，否则，落弓、收车、重新起动列车。

4）如经过以上操作，故障仍不能排除，则司机应在请示行车调度员后就近清客。清客后司机使用"旁路开关"将控制列车开关门的电气回路旁路后关闭车门，再驾驶列车运行至终点退出运营。

【课后测评】

1. 城市轨道交通列车车门故障存在哪些安全风险？

2. 列车进站，车门无法打开，应该如何处理？

任务二　列车牵引制动系统故障的应急处理

【任务目标】

知识目标：

1. 掌握列车牵引制动系统故障的处理原则。

2. 熟悉列车牵引制动系统故障的行车组织原则。

3. 编写列车牵引制动系统故障救援组织方法。

能力目标：

1. 根据应急处理工作流程，在教师的指导下，以小组合作、角色扮演等形式完成列车牵引制动系统故障应急处理演练。

2. 掌握列车牵引制动系统故障下，疏散乘客的工作技巧。

3. 能根据评价标准，对演练进行评价，指出不足。

素质和德育目标：

1. 爱岗敬业，强化工作中的标准规范意识，全面加强作业中的安全防护。

2. 增强职业认同感和责任感。

3. 提升对中国制造的自豪感和民族自信心。

【案例引入】

某日早上 8 时 25 分，某市地铁 5 号线中山八路站，一列开往文冲方向的列车进站时，牵引系统突发故障，导致列车失去动力而无法动车。中山八路站到淘金站区间最长延误 20min。

故障发生后，地铁公司紧急启动应急预案。一方面组织后续载客列车救援，一方面及时安排备用车上线运营，并组织两趟列车在淘金站至文冲站小交路运行疏导客流。期间，地铁公司通过地铁电视、车站和列车广播、微博发布延误信息，并把情况通报交通电台，发送手机短信及时通知乘客。地铁公司加派工作人员引导客流。

8 时 55 分，故障解除，列车成功被救援回厂，行车间隔逐步恢复。西村、车陂南、区庄站以及换乘站火车站、杨箕站一度执行线路客流控制。

受故障影响，该市地铁共退票 189 张，赠票 642 张，免费更新羊城通 470 张，发放致歉信 783 封。受到影响的市民，也可凭车票 7 日内在任一车站（除 APM 线）办理退票。

地铁公司在这次列车牵引系统突发故障的处理过程中，有哪些做法是值得我们参考和借鉴的？

【相关知识】

一、列车牵引制动系统故障的处理原则

列车牵引制动系统发生故障时，司机应立刻向行车调度员报告，行车调度员及时将故障情况通知检修调度员，并根据检修调度员的建议决定列车是维持运营、到终点退出运营还是立刻退出运营。

运营中的列车发生牵引制动系统故障时，通常的处理方法是采取救援措施，以最短的时间将故障车辆拖走（或推走），出清运营线路，最大限度地减少故障对地铁运营全局的干扰和影响，即采取救援措施（见图 4-1）。

图 4-1　列车牵引制动系统故障救援现场

二、列车牵引制动系统故障救援的行车组织原则

1. 列车故障救援概述

列车故障救援是指列车在正线或必经辅助线运行，当发生车辆故障（主要包括车辆供电、牵引、制动、控制回路类故障），无法凭自身动力出清正线线路，造成行车中断，需要组织状态良好的列车将故障车拖离所在线路的情况。某城轨公司1号线列车故障系统分析见表4-1。

表4-1　某城轨公司1号线列车故障系统分析表

系统名称	制动系统	车门系统	牵引控制系统	其他系统	合计
次数	3	8	13	1	25
比例（%）	12	32	52	4	100

牵引制动系统故障是导致列车故障救援的主要原因。发生在线路刚开通两年内的故障事件占总数60%~70%，过了新设备的磨合期后，各种系统故障的发生频率通常会大幅下降。某城轨公司1号线列车故障救援中断行车时间统计见表4-2。对于行车指挥人员来说，要尽可能将列车故障救援的影响时间控制在30min以内。

表4-2　某城轨公司1号线列车故障救援中断行车时间统计表

时间/min	<18	18~25	>25	合计
次数	11	21	4	36
比例（%）	31	58	11	100

2. 列车牵引制动故障救援的原则

列车故障救援一般可使用车辆基地内的内燃机车或正线运行的其他列车进行牵引（推进）作业完成；目前使用较多的是利用正线运行的列车完成，在一般情况下，它能更加快捷、迅速，有利于线路开通。

正线运行的列车发生故障需要进行救援时，应从正常运行的车辆中选择一列来充当救援车。只有救援车将故障车移出运营线路，疏通被阻塞的线路，才能恢复正线运营。在救援时，首先应尽量遵循"顺向救援"的原则，以确保其他正线列车运行的秩序，即原则上应尽量采用相邻的后续列车正向推进故障列车的方法进行救援。这个原则是基于以下几个方面考虑的：

1）因为地铁站线路的设计及建设因素，地铁与铁路的配线设置不同，列车发生故障时必然会导致正线线路的堵塞，因此地铁运营企业必须第一时间组织故障车下线，疏通线路，才能尽快恢复全线列车的正线运营组织。

2）顺向救援避免了逆向救援时可能造成的行车冲突，避免列车运行秩序被彻底打乱，降低列车救援时的行车组织难度；行车调度能够结合实际情况，更加优化正线运行列车的运营，

尽可能地保证地铁运营服务工作。

3）采用后续正常列车救援，在故障列车处理故障的同时也可以进行救援列车清客，清客后可立即进区间组织救援故障列车，在节省时间的同时减少对全线及其他后续列车的影响。

① 合理利用资源原则：当发生列车故障救援时，需要合理调配资源，压缩各环节的完成时间。

调度员需要充分掌握司机和车站作业流程工作人员配备，以便在救援组织时充分利用司机、车站等现场资源。如在折返站除故障车的司机外，可充分利用轮值司机、接车/到达司机，提前安排支援司机上车，在换端尝试动车、切除气制动、清客等环节加快作业时间。可提前安排车站加派人员在站台待命，做好应急处理准备。

在故障处理期间，应尽量向指导司机、检修调度员等寻求技术支持。

指导司机是发生车辆故障时的技术支援力量。当发生无法动车故障时，如果排除信号因素，则可以安排指导司机直接对故障车司机进行指导，从而避免其进行错误的操作或者无效操作，避免延误故障的处理时机。在指导司机指挥故障车司机处理故障期间，行车调度员需要全程做好监控，对于动车、越灯等关键命令，需要征得行车调度员同意方可进行。

为确保司机掌握故障处理时间，在故障发生规定时间后，指导司机须向行车调度员汇报故障处理方案、故障处理时间等信息，以便值班主任制定下一个决策。

行车调度员需要及时将故障信息通报给检修调度员，在寻求获得技术支持的同时，要求检修调度员安排正线检修人员上车，协助进行故障处理。

② 时间控制原则：列车在正线出现故障无法动车时，将造成行车中断，对全线运营造成较大的影响。因此，须做好时间控制，将故障影响控制在可控制范围内。

③ 灵活制定方案原则：救援方案的制定是应急处理的关键。行车调度员需要了解故障现象、线路特点、运行速度等因素，并加以综合考虑，制定最优的应急处理方案。

在正线运行的列车故障时，多数情况会造成正线行车中断，需要进行救援。但在少数情况下，也可以通过灵活制定行车组织的方案，避免救援，以减少故障影响。折返线、存车线及出入车厂线故障时，视情况可不救援。

运行的列车发生故障需要救援时，原则上使用客运列车担任救援任务，并严格按照规章中救援列车运行相关规定执行；故障列车被救援时应做好相关防护。应尽量遵循"顺向救援"的原则，发生列车故障救援时，运营遵循有限度列车服务的原则，视情况组织列车小交路或单线双向运行，以确保其他列车运行的秩序。

三、列车牵引制动系统故障救援组织方法

1. 列车故障救援中的调度组织技巧

1）在辅助线附近实施"逆向救援"。

2）利用渡线变逆向牵引为顺向牵引。

3）利用后端动车避免救援。

由于城市轨道列车具有两端驾驶室都能动车的特点，有时行车调度员可以要求故障列车司机在故障处理中尝试后端动车以避免救援。

利用后端动车的主要优点在于避免了除故障车外其他列车的清客，最大限度地减轻了对正线其他列车运行的影响，但也存在由于没有引导员而只能牵引不能推进的情况，如果后端不能动车会增加救援总体时间等问题。

2. 决定救援前调度员的准备工作

当运营中的列车发生故障时，行车调度员应当在协助司机排除故障的同时做好救援的准备工作，这样一旦司机确认故障无法处理、请求救援就能迅速采取措施，节省行车中断的时间。国内多数城市轨道公司都规定，在列车出现故障而中断行车 6min 后，调度长可以命令终止故障处理，实施列车救援，决定救援前调度员的准备工作如下：

（1）故障发生后 1~2min

1）向调度长和车辆检修调度员等各调度员通报故障信息。

2）扣停后续列车在后方车站，前方列车多停。

3）通知车站协助司机处理故障，准备 URM 监控员（或列车引导员）。

4）通知备用车司机上备用车。

（2）故障发生后 2~3min

1）全线列车多停。

2）通知故障车所在车站及后方车站准备清客，人员到站台待命。

（3）故障发生后 3~4min

1）连接三方通话，要求车辆检修调度员对司机进行技术支援。

2）通知后续列车及后方站清客。

（4）故障发生后 4~5min

1）通知司机清客并尝试后端动车。

2）通知车站配合清客。

3）向后续列车预先发布救援命令，并通知其动车到区间待命。

4）通知相关车站准备小交路折返。

（5）故障发生后 5~6min

1）若后端不能动或已过 6min 仍不能动车则由调度长决定救援。

2）通知故障车司机做好救援准备，说明来车方向。

3）通知救援车司机动车连挂。

4）向相关车站发布救援命令及晚点信息。

5）通知备用车司机准备上线。

3. 列车故障现场救援工作

（1）列车救援前的准备工作　列车在区间或车站因故障被迫停车或不能起动时，司机要立即采取有效制动措施，并且用无线电话或其他有效通信工具向行车调度员报告情况，并在规定的时间内进行故障排除，如果不能迅速排除则应及时向行车调度员汇报并且请示故障救援。

列车故障情况下行车组织由调度中心（OCC）全权负责，故障的判断和处理由司机负责，行车调度员有责任提出辅助处理意见，但司机离开驾驶室处理故障前须报告行车调度员批准。

行车调度员接到司机的救援请求并决定救援后，应向有关车站、司机发布开行救援列车的命令，讲清救援车开来方向。

无 ATP 保护的列车救援或因挤岔、脱轨、线路故障等可能会影响后续列车行车安全的救援时，必须发布封锁线路的命令。

当故障列车停在区间时，如果确认救援列车较长时间内不能挂走故障列车，就需要组织区间清客。清客时，由行车调度员发出命令通知司机和有关车站，要求做好乘客疏散组织工作。如果故障列车在隧道区间，还需要环控调度员组织隧道送风。

（2）救援过程　原则上救援列车必须空车前往救援。救援列车司机接到救援命令，清客广播两次后，可关闭客室照明，一定时间内未能清客完毕，带客前往救援。列车到达存车线（车辆基地）前，安排车站、公安配合再次清客。运营期间如需使用工程车进行救援，进行列车救援的工程车应采用内燃机车，并加装过渡车钩。

救援列车司机必须清楚故障列车的停车位置，在接近故障列车的行进过程中，应严格按照行车调度员下达的救援命令执行。救援列车开往故障地点时应使用带 ATP 防护的人工驾驶模式进行，并且加强瞭望，限制行车速度，当接近故障列车地点时列车收到"零码"，列车完全停车后，司机再使用限制速度的人工驾驶模式驾驶列车接近故障车。以内燃机车为救援列车时，必须在运行中高度警惕，不得超过规定速度，并认真瞭望，防止错过制动时机与制动距离而撞车。

救援列车应距故障车 20m 处先停车，再以 5km/h 速度接近故障车，3m 处一度停车，听候救援负责人（被救援列车司机）的指挥连挂。故障列车在连挂之前可继续排除故障，但不能动车，如故障排除则报告行车调度员解除救援。

故障列车司机在完成等待救援的准备工作后，应在与救援列车连挂端前方防护，发现救援列车到达，必须按规定显示手信号或用无线电对讲机与救援列车司机联络，待救援列车司机回复后才能允许挂车。得到可以连挂的信号后，救援列车以 3km/h 的速度进行连挂。列车连挂后，司机要进行试拉，确认连挂可靠后通知故障列车司机缓解制动。

救援列车司机和故障列车司机联系确认列车完全缓解，并确认无线电对讲设备的测试良好后才能按规定动车，一般推进故障列车时限速 25km/h，牵引故障列车时运行限速 45km/h，运行中两车司机可通过司机室对讲机进行联系确认。救援牵引运行时前方进路由救援列车司机负责瞭望和确认,行车方式为手动驾驶。推进运行时前方进路由故障列车司机负责瞭望和确认,行车方式为手动驾驶,遇有危及行车安全的情况应立即用无线电话通知救援列车司机停车。天气不良或环境恶劣时应适当降低速度。

(3)救援结束后的工作 现场抢险、救援工作完毕,救援人员、工具出清线路,具备恢复运营条件后,各专业人员立即向现场指挥汇报。所有专业人员救援、抢修完毕并检查确认具备恢复运营条件后,现场指挥及时向总指挥汇报。

总指挥在接报具备恢复运营条件后,发布或授权发布救援终止命令,恢复正常运营。遇到发生人员伤亡、设备损坏时,按城市轨道运营企业有关应急预案规定执行。故障发生后,受影响车站要做好运营服务工作,城市轨道运营企业对工作人员要进行合理的站间调配,行车调度人员要根据情况对列车运行进行调整。

四、列车牵引制动系统故障救援的行车组织模式

根据地铁站线、配线的设计不同,以及故障车的存放地点不同等,地铁列车故障救援的基本行车组织模式有三种:故障车送回车辆段模式、故障车送入就近车站的存车线模式、故障车送入最近的终点站折返线模式。

1. 故障车送回车辆段模式

故障车送回车辆段模式,即用正常列车将故障车推送回车辆段。这种行车组织模式在实施救援前,故障车及救援车的前后方的正常运行列车都会受到严重的影响,且会导致运营紊乱;但实施列车救援后,影响逐渐减弱,影响程度视救援车的速度与正常运营列车行驶速度的差值决定,直至救援车和故障车出清正线运行至车辆段后为止。

2. 故障车送入就近车站的存车线模式

故障车送入就近车站的存车线模式,即用正常列车将故障车推送到就近车站的存车线。这种行车组织模式,将大大减少救援的持续时间,起到释放关键资源、减少故障对正常运营干扰的作用;但这种救援模式会降低正线的灵活性和变通性,当有其他故障或者应急情况发生时,其占用的存车线就不能使用。与直接将故障车送回车辆段的模式相比,该模式的优势是明显缩短救援状态的时间。

3. 故障车送入最近的终点站折返线模式

故障车送入最近的终点站折返线模式,即用正常列车将故障车推送入最近的终点站折返线。这种行车组织模式,能够一定程度地降低救援时对正线运营的影响,但是会使双折返线的终点站丧失一条折返线的功能,折返能力及灵活性受到影响。这种模式与将故障车送入就近车站的存车线模式相比,不足在于救援时间长,也会对列车正常的折返造成影响。

以上三种行车组织模式,受线路设计、信号系统制约,列车故障地点等因素影响,在组织列车救援时应择优选择,以达到尽快疏导线路、恢复正常运营的目的。

【课后测评】

1. 列车牵引制动故障救援的原则是什么？
2. 列车牵引制动系统故障救援调度技巧有哪些？
3. 列车牵引制动系统故障救援的行车组织模式有哪些？

任务三　列车挤岔和脱轨的应急处理

【任务目标】

知识目标：

1. 了解列车挤岔对城市轨道交通运营的影响。
2. 熟悉列车挤岔应急处理原则及处理方法。
3. 制订列车脱轨的应急处理工作流程。

能力目标：

1. 根据应急处理工作流程，在教师的指导下，以小组合作、角色扮演等形式完成列车脱轨应急演练。
2. 掌握车辆脱轨起复工具的使用规定和操作方法。
3. 能根据评价标准，对演练进行评价，指出不足。
4. 在任务驱动下，完成实训工单。

素质和德育目标：

1. 培养临危不乱、就地响应的工作态度。
2. 树立安全生产责任意识。
3. 遵守规程，立足岗位，做好岗位工作，保障乘客出行安全。
4. 积极发现工作盲区，为应急工作提出合理建议，减少或预防事故，树立创新思维。

【案例引入】

　　某日，某车辆段，工程车司机、车长驾驶工程车，配合维修工程部工建二分部进行装载石渣作业。工程车在 15B 道上把石渣卸完后，工程车司机使用对讲机通知信号值班员作业完毕。信号值班员复诵工程车作业完毕后，询问工程车司机要到哪一条股道去，工程车司机说要去 L29 道，信号值班员就独自立即将原来封锁的进路解锁（15B 道至牵 26 道），接着排列牵 26 道至走行线 2 道，走行线 2 道至转换轨 2 道的进路。信号值班员将上述进路排列好后，就回答司机说："牵 26 道到走行线 2 道的进路信号好了。"而司机回答说："L15 道到牵 26 道的进路好了。"动车从 L15 道开往牵 26 道。工程车以 15km/h 的速度运行，由于瞭望不及时，至

W4号道岔前时，才发现前方道岔不正确，调车员手打显示紧急停车信号；司机发现运行前方第一位平板车有跳动现象，未能及时采取紧急停车措施，致使制动距离延长。当工程车停车后，机车前方三辆平板车已越过了W4号道岔，造成4号道岔挤岔，车前第1、2节平板车脱轨。其中机车前第1节第1转向架1轴，第2转向架1轴，车前第2节第1转向架1、2轴轮对脱轨；同时，信号楼微机联锁响起了挤岔报警声。信号值班员听到挤岔报警声，立即与现场司机联系，经与司机确认后，由信号值班员报告车厂调度员。同时，司机也向车厂调度员进行了报告。随后，车厂调度员将挤岔情况通知派班员，并要求派班员通知乘务二分部副主任及部安监，随即与检修调度员、轮值技术人员赶往现场察看。

车厂调度员向该车辆段检修调度员汇报事故概况；车厂调度员向行车调度员汇报事故概况；相关部门接到事故通报后立即组织开展抢险工作。维修工程部抢修人员向维修调度员报告现场的受损情况，并准备抢险工器具及材料。车辆部抢修人员及起复救援设备由其他车辆段运抵事故现场，并着手起复准备工作；先后完成第1转向架第1轴起复、第2转向架第1轴起复及第2转向架第2轴起复；最后完成信号、道岔、线路的修复工作，至此事故处理完毕，线路交付车厂使用。

这是一起典型的挤岔案例，案例中地铁各个岗位迅速响应，及时排查事故。这给我们带来什么样的启示？

📖 【相关知识】

如果说城市轨道交通列车的车门故障、牵引制动系统故障还比较常见的话，那么列车挤岔和列车脱轨等事故就比较罕见了（见图4-2）。

一、列车挤岔应急处理的原则和方法

1. 挤岔应急处理的原则

发生挤岔事故后应急处理的基本原则是：司机必须立即停车并向调度员汇报事故情况，等候工务和信号维修人员前来处理，只有当受损尖轨被固定且得到维修人员同意后方能缓慢驶离岔区。

图4-2　挤岔造成的轨道损坏

2. 挤岔应急处理的方法

（1）信息报告与抢险人员响应　发生挤岔事故后，当事司机应第一时间报告调度中心，调度中心的维修调度员应立即通知工务和信号维修部门，工务和信号维修部门接到指令后立刻成立抢修小组，并安排部分维修人员先期赶赴现场进行前期勘查，同时与抢修小组保持联系，以便准备工具和材料，待后继人员赶到后共同对损坏设备进行修复。

（2）工务和信号维修人员的抢修程序

1）先期到达维修人员的处置方法。工务和信号维修人员到达现场后，立即请点查看道岔损伤情况，并向本部门抢修小组和 OCC 设备维修调度员报告。随后维修人员到临近车站车控室登记，申请停用损坏的道岔，并请点封锁故障所在区间。在区间封锁后，维修人员进入现场拆除与尖轨相连的转辙机连接杆，做好更换尖轨的准备。

2）现场抢修过程。工务维修人员到达现场后，做好施工防护，对损伤尖轨进行丈量确认，寻找备用的尖轨并复核尺寸，将备用的尖轨运送至该故障道岔处。待信号维修人员拆除损伤尖轨上安装的接续线，做好更换准备后，工务维修人员拆除损伤尖轨，更换备用尖轨，调整线路几何状态，把线路恢复到可以行车状态，最后由信号维修人员进行信号调试，恢复道岔功能。

二、列车脱轨应急处理方法

1. 列车脱轨的起复工具

列车脱轨事故常用的起复工具包括"人"字形复轨器（见图 4-3）、"海参"形复轨器和手动简易复轨器等。

2. 列车脱轨的处理程序

（1）列车脱轨后的先期处理　发生列车脱轨后，如果列车上有乘客，司机应按照相关预案立即组织人员疏散。如列车脱轨时造成其他设备设施损坏，事故处理现场指挥小组应安排相关部门进行先期处理，确保车辆起复时人员和设备的安全。考虑到车辆起复可能对供电系统的影响，在救援队员进入现场前需由供电维修人员将脱轨车辆附近接触网（或接触轨）断电，并挂好接地线。

图 4-3　"人"字形复轨器

（2）列车起复前的准备工作　列车起复前，救援人员要先对脱轨车辆上止轮器，防止其移动。然后研究确定起复的车体支撑点和移动支撑点，并制订救援方案报现场指挥批准。如果脱轨发生在碎石道床处，选择顶升位后救援人员需平整碎石道床以保证顶升点的稳固。如果车辆发生多轮对脱轨，一般先选择容易复轨的轮对先复轨，其他的轮对根据现场实际情况再分别复轨。

3. 使用手动简易复轨器起复车辆的作业过程

第一步，用顶起千斤顶，从脱轨轮对上方顶起脱轨车辆。

第二步，用横向移动千斤顶，将脱轨轮对推至钢轨上方并对准钢轨。

第三步，落下顶起千斤顶，将轮对落在轨面上复位。

第四步，撤出手动简易复轨器。

🖥 【课后测评】

1. 挤岔应急处理的原则有哪些？

2. 城市轨道交通在非运营时间，会有哪些事故发生？请举例。

3. 挤岔事故的应急处理方法是什么？

任务四　设备原因导致的突发事件的应急处理

【任务目标】

知识目标：

1. 掌握地铁行车事故设备故障的常见类型。

2. 归纳不同类型的设备故障的应急处理程序。

3. 制订相应应急处理工作流程。

能力目标：

1. 根据应急处理工作流程，在教师的指导下，以小组合作、角色扮演等形式完成站台门故障应急演练。

2. 掌握相关工具的使用规定和操作方法。

3. 能根据评价标准，对演练进行评价，指出不足。

4. 在任务驱动下，完成实训工单。

素质和德育目标：

1. 培养临危不乱、就地响应的工作态度。

2. 培养安全生产责任意识。

3. 做好岗位工作，保障乘客出行安全。

4. 积极发现工作盲区，为应急工作提出合理建议，减少或预防事故，树立创新思维。

【案例引入】

常见设备原因导致的突发事件：

1）2014年11月6日18时57分，北京地铁5号线惠新西街南口站一女性乘客在乘车过程中卡在站台门和车门之间，列车起动后掉入站台，车站工作人员立即采取列车紧急停车和线路停电措施，迅速将受伤乘客抬上站台，由120急救车送往医院。

2）2011年7月5日9时36分，北京地铁4号线动物园站A口上行自动扶梯发生设备故障，正在搭乘自动扶梯的部分乘客摔倒。京港地铁启动相关应急预案，受伤乘客送往医院救治。

3）2007年10月23日，日本东京地铁大江户线由于变电所出现问题突然停电，造成全线停运，1300人被困在地铁列车上。工作人员打开紧急逃生门疏散乘客，但一次只能通过一个，造成有乘客被困地铁列车上2h，10人因身体不适被送往医院治疗。日本东京交通局表示，这次停电30min之后，部分列车恢复运行，但仍有部分区间列车停运，直至3h之后才恢复运营。这场停电事故总共导致大江户线72班地铁停驶，9.3万人出行受到影响。

【相关知识】

一、站台门故障应急处理

1. 站台门系统概述

城市轨道交通站台门系统是随着城市轨道交通不断地发展而产生的。站台门系统自诞生以来，在城市轨道交通车站得到了很好的应用，并且受到了城市轨道交通建设城市的青睐。站台门将轨道与站台候车区隔离，设有与列车门相对应、可多级控制开启与关闭的滑动门（见图4-4）。

图4-4　站台门

2. 站台门系统的功能

（1）提高候车安全

1）防止乘客因车站客流拥挤或其他原因跌落轨道。

2）避免乘客被列车活塞风吹吸的潜在危险。

3）避免无关的工作人员进入隧道。

（2）改善站台环境　使站台区域更加舒适、美观，隔声、隔热效果好。

（3）节约运营成本

1）节省车站的空调负荷，一定程度上降低能耗。

2）减少站台边缘区域站务人员的数量。

3. 站台门系统的安全隐患

站台门系统故障主要会带来以下安全隐患：

1）站台门突然开关或倒塌，导致乘客跌落站台。

2）站台门玻璃脱落或破碎，玻璃碎渣砸伤乘客或者掉入轨道影响行车安全。

3）站台门漏电，导致乘客触电。

4）站台门门槛突起，导致乘客上下车被绊倒。

5）应急门无法打开，紧急情况下导致疏散受阻。

6）滑动门无法打开，影响乘客的上下车，导致列车晚点。

7）端头门被列车进入站台时产生的气压推倒，使得乘客和站务员掉入路轨，造成危险。

8）站台门振荡，导致列车与站台门碰撞，造成乘客及员工受伤或死亡。

9）站台门突然燃烧冒烟，导致站台失火，引起人员的伤亡。

10）乘客被站台门和车门夹住或撞击，正常情况下影响乘客的上下车，延误列车运行，紧急情况下延误疏散。

11）站台门在无列车进入站台时开启，导致列车内的乘客或员工跌落轨道。

4. 站台门系统常见突发故障处理程序

（1）站台门玻璃破碎　这种情况下各岗位处理程序详见表4-3。

表4-3　站台门玻璃破碎各岗位处理程序

岗 位 类 别	各岗位处理程序
站务岗	1）发现玻璃破碎报告车控室，如果是滑动门/应急门，应将门隔离（旁路）、断电 2）如玻璃破碎未掉下来，将其左右相邻两滑动门隔离（旁路）、断电后处于常开状态，如端头门破碎将临近的滑动门隔离（旁路）处于常开状态 3）使用封箱胶纸将破碎的玻璃黏住，并设置隔离带和张贴告示牌 4）加强对相关站台门的监督防护，提醒乘客注意安全
行车值班员	1）接报后，通知值班站长到现场处理 2）做好乘客安全广播 3）通报行车调度员、维修调度员和维修承包商
值班站长	1）接报后组织员工处理，并赶赴现场 2）如果玻璃掉下来则组织将其扫清。如果玻璃掉入轨道影响行车安全，应向行车调度员报告，请点进入轨行区清理

（2）使用PSL的专用锁钥匙断在锁孔中　这种情况下各岗位处理程序详见表4-4。

表4-4　使用PSL的专用锁钥匙断在锁孔中各岗位处理程序

岗 位 类 别	各岗位处理程序
司机	1）如钥匙断在"门关闭"位，上下客完毕且站台门已关闭，将连接PSL的LITTON的接头从PSL上卸除，关车门动车后报告行车调度员 2）如果钥匙断在"禁止"/"门关闭"位，乘客尚未上下车或断在"门打开"位时，立即将情况汇报车控室，要求派站台岗到尾端PSL操作站台门。同时将连接PSL的LITTON接头从PSL上卸除。待站台岗关闭站台门后，关闭车门动车，并将情况报告行车调度员
行车值班员	1）接报后，通知站台岗到尾端墙协助开关站台门 2）通报行车调度员、维修承包商和维修调度员
站台岗	1）列车乘客未下车时，通过尾端PSL开启站台门 2）确认乘客上下车完毕后，操作PSL关闭站台门 3）后续列车到达对标停稳后通过尾端PSL开启站台门。乘客上下车完毕（或列车开门约20s后），操作PSL关闭站台门
行车调度员	通知运行前方站交接新钥匙给司机
运行前方值班站长	与司机交接新钥匙

（3）列车到站后整侧滑动门不能同步开/关

1）司机

①操作就地控制盘（PSL）开/关站台门。

②将情况汇报给行车调度员。

2）行车调度员

① 通报维修及监控调度员。

② 后续列车仍出现不能同步开/关时，通知车站报维修承包商。

（4）列车到站后，滑动门不能正常打开 这种情况下各岗位处理程序详见表4-5。

表4-5 列车到站后滑动门不能正常打开各岗位处理程序

岗 位 类 别	各岗位处理程序
司机	1）视情况适当延长站停时间，并汇报行车调度员 2）乘客上下车完毕后，关门动车
站台岗	1）将情况报车控室 2）在故障门粘贴故障告示
行车值班员	1）多档门故障时报告值班站长和行车调度员 2）做好站台乘客广播，引导乘客从正常门上车 3）通报维修承包商和维修调度员
值班站长	1）多档门不能打开时，组织人员现场引导乘客从正常门上下车 2）当一节车厢对应的滑动门全部不能正常开启时，需至少手动打开一档滑动门，并将其隔离（旁路）断电，引导乘客上下车
行车调度员	多档门故障时通知线上后续列车司机做好乘客广播
后续列车司机	多档门故障时，做好乘客广播，引导乘客从正常门下车

（5）列车发车前，滑动门不能正常关闭 这种情况下各岗位处理程序详见表4-6。

表4-6 列车发车前滑动门不能正常关闭各岗位处理程序

岗 位 类 别	各岗位处理程序
站台岗	1）单个门故障时，将故障门隔离（旁路），向司机显示好了信号，待发车后手动将门关闭，并粘贴告示。无法旁路时，先显示好了信号，发车后再处理 2）两档以上门故障时，立即报告车控室，对开启的滑动门设置安全防护。开启的滑动门做好安全防护（或者人工看护）后，向司机显示好了信号。待列车出发后将故障门隔离（旁路）和手动关闭，并张贴故障告示 3）两档以上门不能关闭时，将就近的一档门隔离（旁路）后，手动将其关闭。确认另一档故障门无夹人夹物后，向司机显示好了信号，待发车后将其隔离（旁路）和手动关闭，并张贴故障告示 4）对手动的不能关闭的滑动门，加设安全防护栏，并加强监督防护
行车值班员	1）通报行车调度员、维修承包商和维修调度员 2）后续列车加强车站站台乘客广播，引导乘客从正常门上车
值班站长	1）多档滑动门故障时，组织人员协助设置安全防护栏或人工看护 2）组织人员对开启的滑动门加强监督防护
司机	1）报告行车调度员 2）凭站台岗好了信号动车

（6）列车发车时，整侧滑动门不能正常关闭（操作PSL仍不能关） 这种情况下各岗位处理程序详见表4-7。

表 4-7　列车发车时，整侧滑动门不能正常关闭各岗位处理程序

岗 位 类 别	各岗位处理程序
司机	1）立即报车控室，报告行车调度员 2）凭站台岗好了信号以及 RM 模式动车离站
站台岗	1）立即汇报车控室 2）对开启的滑动门设置安全防护 3）开启的滑动门做好安全防护后，向司机显示好了信号 4）后续列车待乘客上下完毕并做好安全防护后，向司机显示好了信号
行车值班员	1）通报值班站长、行车调度员、维修承包商和维修调度员 2）加强车站站台乘客安全广播
值班站长	接报后，组织人员加强对开启滑动门的监督防护
行车调度员	故障未消除前，向后续列车司机通报故障情况
后续列车司机	1）列车自动停车后，以 RM 模式驾驶列车进站，对标停车 2）凭站台岗好了信号以 RM 模式动车离站

（7）列车未动车，站台门/列车车门夹人夹物　这种情况下各岗位处理程序详见表4-8。

表 4-8　列车未动车，站台门/列车车门夹人夹物各岗位处理程序

岗 位 类 别	各岗位处理程序
站台岗	1）发生站台门/列车车门夹人夹物且没有自动弹开释放，立即就近按动紧急停车按钮 2）在赶赴现场查看的同时将情况汇报给车控室 3）向司机显示停车手信号，示意司机重新打开车门/站台门 4）将人或物撤出后，向车控室报告，并向司机显示好了信号 5）值班站长到场后，协助调查处理
行车值班员	1）发现异常或接到报告后，通知值班站长前往处理，并向行车调度员汇报 2）利用 CCTV 观察现场情况 3）需要时，通知公安或者地铁执法人员到场协调处理 4）接到人和物撤离报告后，取消紧急停车，并汇报给行车调度员
值班站长	1）赶赴现场处理，调查事件原因 2）如发生客伤事故，按客伤处理程序办理 3）若是乘客抢上抢下造成时，寻找目击证人，并记录详细资料 4）事故处理完毕后，将有关情况通报行车调度员。同时对乘客进行教育，对于蛮不讲理的乘客，通知公安或地铁的执法人员到场协调
司机	1）如接到报告或观察到夹人夹物后，应重新打开车门和站台门，待人和物撤离后，再关闭车门和站台门 2）如司机发现而站台岗未发现夹人夹物时，应及时通知车控室 3）凭站台岗好了的信号，关闭车门和站台门，确认车门、站台门无夹人夹物，以及站台门和车之间空隙无滞留人或物 4）凭行车调度员指令动车

（续）

岗 位 类 别	各岗位处理程序
行车调度员	1）接到报告，了解现场情况后，必要时，指示有关人员按章处理，监控事件处理经过和结果，提醒相关人员防止夹人夹物开车 2）接到事件处理完毕报告后，指示司机动车

（8）列车已动车时，站台门/列车车门夹人夹物 这种情况下各岗位处理程序详见表 4-9。

表 4-9 列车已动车时，站台门/列车车门夹人夹物各岗位处理程序

岗 位 类 别	各岗位处理程序
站台岗	1）发生站台门/列车车门夹人夹物，列车已起动，立即就近按动紧急停车按钮 2）立即将情况汇报给车控室，如列车尚未出站且所在的位置在站台有效范围内，应前往夹人夹物现场了解情况并处理 3）如列车未停车，立即将情况汇报给车控室
行车值班员	1）发现异常或接到报告后，立即向行车调度员汇报，通知值班站长前往处理。如果列车未停止运行，应立即向行车调度员汇报；不能立即与行车调度员通话时，应通知前方站扣停列车进行处理 2）利用 CCTV 观察现场情况。需要时，通知公安或者地铁执法人员到场协调处理 3）接到行车调度员通知后，取消紧急停车，恢复正常运作
值班站长	1）赶赴现场协助司机进行处理 2）调查事件原因，并检查是否对车站设备造成影响，将有关情况通报给行车调度员
司机	1）列车产生不明原因制动后汇报给行车调度员 2）接到行车调度员有关夹人夹物处理指示后确认具体位置，做好乘客安抚广播 3）携带手持电台前往现场，采用单个车门紧急解锁方式处理，严禁按压司机室门控按钮开门 4）处理完毕后，恢复车门，向行车调度员汇报，凭行车调度员指令动车
行车调度员	1）接到报告，了解现场情况后，通知司机前往现场处理 2）通知前方站安排人员到指定车厢了解情况并采取相应处理措施 3）接司机夹人夹物事件处理完毕报告后，通知车站取消紧急停车，指示司机动车 4）如对设备造成影响，还应通知相关部门前往处理和指示后续列车的运行

二、车站自动扶梯故障应急处理

1. 车站自动扶梯概述

（1）车站楼梯与自动扶梯设置原则

1）设计标准：地铁出入口主要是用于乘客进出站厅，车站楼梯与自动扶梯一般采用 26°34′的坡度设计。

2）设置原则

① 一般站出入口：一部步行楼梯和一部自动扶梯。正常运营状态下，扶梯为上行，出站乘客首选扶梯；楼梯为下行，进站乘客选择步行楼梯。

② 特殊站和一级站出入口：一部步行楼梯和二部自动扶梯。正常运营状态下，自动扶梯分为上行和下行，进站、出站乘客首选扶梯，当自动扶梯不能满足疏散要求时，进站、出站乘客选择步行楼梯。

（2）车站楼梯与自动扶梯的关系

1）当车站出入口的提升高度超过 6m 时，宜设上行自动扶梯；超过 12m 时，除设上行自动扶梯外，还应设下行自动扶梯。

2）楼梯和自动扶梯在交叉错位处要注意其夹角的处理，避免乘客夹伤。

3）出入口在道路旁平行于道路设置时，应当考虑楼梯、扶梯的起坡停顿时间，因为在楼梯、扶梯的起坡点处，行人会有适当的停留，楼梯、扶梯应设置在远离道路的一侧，减少楼梯、扶梯处的拥堵。

（3）车站自动扶梯的一般结构　自动扶梯的一般结构如图 4-5 所示。一系列的梯级与两根梯级链条连接在一起，在沿一定线路布置的导轨上运行即形成自动扶梯的梯路。梯级链条绕过上端主传动轴、下端前沿板内的张紧装置，并通过上、下分支的若干直线、曲线区段构成闭合环路。这一环路的上分支中的各个梯级应严格保持水平，以供乘客站立。主传动轴通过减速器等与驱动主机相连以获得动力。扶梯两旁装有与梯路同步运行的扶手装置，以供乘客手扶之用。扶手装置同样由上述电动机驱动。为了保证自动扶梯上乘客的绝对安全，要求装设多种安全装置。

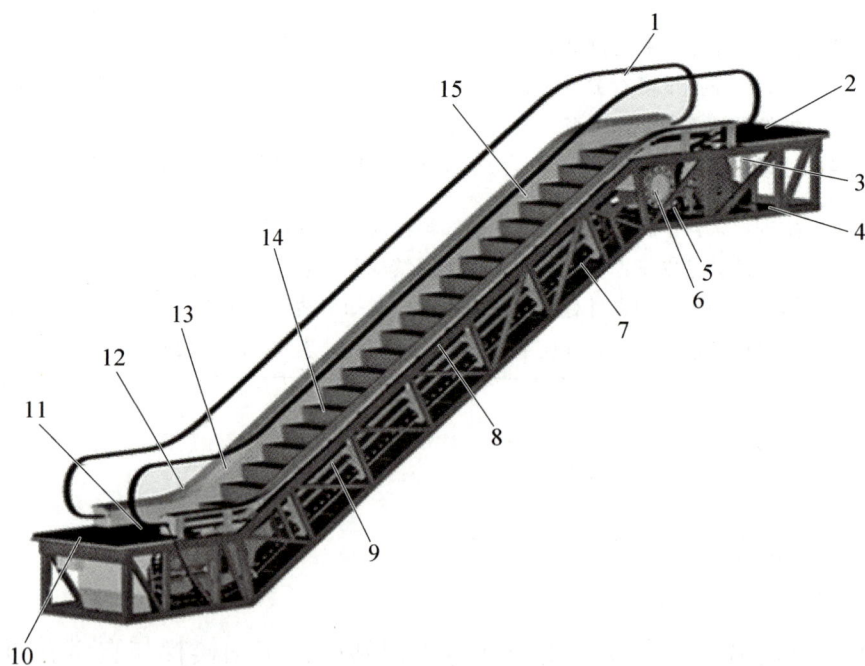

图 4-5　自动扶梯结构

1—扶手装置　2—控制柜　3—驱动主机　4—主传动轴　5—压带部件　6—扶手驱动　7—梯级链条
8—桁架　9—导轨系统　10—前沿板　11—梳齿板　12—外盖板　13—内盖板　14—梯级　15—围裙板

2. 车站自动扶梯操作及应急处理

（1）自动扶梯运行前的准备

1）检查扶梯梯级、扶手带、梳齿板和围裙板，围裙板与梯级间的间隙。清除夹在里面的碎纸、小石子、口香糖等异物。

2）确认自动扶梯周围的安全设施（三角区的护板，防止进入的栅栏、隔板及防护网）有无破损等异状。

3）确认紧急按钮是否处于正常状态。如果处于被按压状态，必须将其恢复到正常状态。

（2）开启扶梯

1）将钥匙插入操作盘上的报警停止开关，鸣响警笛，发出信号将开始运转，放手后钥匙将回到中央位置，将其拔出。

2）确认自动扶梯的梯级上没有乘客时，将钥匙插入运行开关后，向需运行方向（上或下）旋转，自动扶梯开始运作，待稳定运行后放手，钥匙自动回到中央位置，即可将其拔出（启动时一只手旋转钥匙同时另一只手按在急停开关上，当出现异常时及时按动急停开关）。

3）确认扶手带是否正常转动，如有异常声响或振动时，要立即按动急停开关（即紧急停止按钮），停住自动扶梯，同时通知维修人员。

4）确认正常运转后，再试运转 5～10min。

5）如果试运转中按动了急停开关，在问题处理完毕后，必须将红色罩复原。

（3）关闭扶梯

1）确认有无发生异常声响或振动。如有问题则关闭自动扶梯。

2）停止之前，不允许乘客进入自动扶梯的梯口。

3）将钥匙插入报警停止开关，鸣响警笛。

4）确认自动扶梯附近或扶梯梯级上无人后，再用钥匙开启停止开关，自动扶梯则停止运行。

5）一天的正常运行结束后须认真检查并清扫扶梯踏板、扶手带、梳齿板、围裙板以及扶梯下部专用房。

6）正常停止扶梯后，应采取措施，设置停止使用牌，防止乘客将其当作楼梯使用。

（4）紧急停止按钮　在出现异常状况，必须使用紧急停止按钮时，应大声通知乘客"紧急停止，请抓住扶手"后，再操作。

1）现场操作

① 正常状态：平时红色罩呈向外膨胀凸出状。

② 操作时：用手指按压，凸起状态变塌陷状态。

③ 操作后的状态：用手指按压红色罩的周围，使其中部恢复正常状态。

2）车站控制室操作

① 敲破玻璃片。

② 按压按钮。

③ 复位：拔起按钮。

（5）转换扶梯运行方向

1）将钥匙插入报警停止开关，鸣响警笛。

2）确认扶梯梯级上无人后再用钥匙开启停止开关，自动扶梯停止运行并将钥匙拔出。

3）待完全停止后，将钥匙插入运行开关，开启需运行方向的开关（上或下）。

三、城市轨道交通大面积停电应急处理

1. 城市轨道交通大面积停电的成因

造成城市轨道交通大面积停电的原因主要有如下几个：

1）电力设备故障：包括变电所的变压器发生故障、整流机组故障、断路器故障、传输电缆故障、接触网（轨）故障以及电力监控与数据采集（SCADA）系统故障等。

2）外界电网故障：当城市轨道交通所在市域的电力网发生故障时，也很有可能造成城市轨道交通大面积停电。

3）其他原因：自然气象灾害可能会对电网造成影响，进而引起停电；人为刻意的破坏，如恐怖袭击、爆炸、火灾等都有可能引起大面积停电；相关地面施工和其他行为也有可能对电力系统造成破坏。

2. 城市轨道交通大面积停电的危害

1）大面积停电会造成城市轨道交通局部或者全线运营中断，影响乘客正常出行，为城市地面交通带来极大压力。由于城市轨道交通以电作为动力，一旦供电中断，列车会面临运行瘫痪的危险，列车停止运行并可能停在隧道。如果供电中断造成城市轨道交通停运，乘坐城市轨道交通的这部分客流就必然会在短时间内迅速转移到地面交通，这对地面交通将是巨大考验。而由于人数的突然增加，这也必然会影响到地面交通的服务质量，造成乘客出行次数的增多和出行效率的降低。

2）大面积停电会使城市轨道交通在人员疏散过程中产生瞬间大客流，容易引起乘客恐慌，可能会造成踩踏、挤压等乘客伤害事件。城市轨道交通在一种相对封闭的环境中运行，在地下区段没有自然采光，仅靠灯光照明。大面积停电之后应急照明如果没有及时启动，乘客将被置于黑暗之中。即便有应急照明使用，其照明的广度和亮度也不足以与正常照明相比，在这种毫无思想准备的情况下，乘客易感到压抑和恐慌。此外，如果大面积停电发生在大客流高峰时段，疏散的难度必然加大。一旦客运组织不利，就很容易发生踩踏、挤压等乘客伤害事件，给乘客造成心理和身体上的双重伤害。

3）供电中断可能造成通信、信号、机电等系统不能正常使用，从而引发次生故障和灾害。例如：通信受影响，应急指挥、乘客疏导不灵敏；空调、通风设备停运，列车、车站环境质量变差；排水不畅引发水淹隧道；人员可能被困在电梯里；给水中断，消防、生活用水

不能保证；可能会发生火灾、治安事故。车站、列车照明仅能维持较短时间，在正常情况下，大面积停电后诸如通信、信号等系统应由不间断电源（UPS）供电，以保证其能够在一段时间内继续使用。然而，一旦停电时间过长或者 UPS 本身出现问题，将无法保证这些系统的正常使用，会给城市轨道交通带来潜在的次生影响。如果不能及时应对，也会给乘客疏散、列车调整、应急指挥、故障抢险等工作带来巨大的困难，甚至危及乘客和员工的安全。

4）大面积停电会影响城市轨道交通在公众中的形象。在发生大面积停电事件之后，乘客的利益受到损害，他们对城市轨道交通的认知度和忠诚度将会随之降低。其涉众之广、影响之大，会使城市轨道交通企业的形象受到严重的负面影响，并在短时间内无法消除。

3. 城市轨道交通大面积停电的应急处理

（1）两个主变电所同时停电的应急处理措施

1）客运组织措施：调度中心向车站和司机发布列车停运、急救和车站关闭等命令，及时将灾情报告分公司、总公司。列车司机负责维持列车在站停车，组织列车上乘客向车站疏散；如果列车在区间停车，必须立即报告行车调度员，由行车调度员通知相关车站进行支援，组织列车上乘客向车站疏散。车站启用紧急照明，站长负责组织有关人员疏散乘客，巡查各部位如升降电梯中是否有人员被困等，需要关站时清站后再关闭车站，并将情况报告给调度中心，若通信中断应设法与外界取得联系，并做好自救工作。

2）给水排水组织措施：停电后所有相关设备（主要指加压泵、消防泵与排水泵）都会因断电停止运行，导致排水系统无法运行、生活用水与消防用水无法补给。设备操作人员要加强检查各类集水井水位和地下水位，以免由于积水水位过高影响到行车信号及扶梯等相关设备的安全，同时应保护好灭火器等消防设施，严防发生火灾，一旦发生火灾事故则应及时向调度中心和消防部门报告。

3）机电组织措施：停电后扶梯、升降梯、空调、风机等设备都会因断电停止运行，事故照明、BAS 工作站停电后备用电源（蓄电池）可维持 1h 供电，FAS 停电后正常监控情况下可维持 8h，火警联动状态可维持 0.5h；停电和送电均为自动切换。

4）车站要启动紧急的疏散预案，实施与公交公司的接驳方案，保证乘客的安全转移。

（2）一个主变电所停电的应急处理措施

1）行车组织措施：调度中心发布部分停电影响信息，指挥退出冷冻机组、冷冻冷却泵、电热设备、广告照明、清洁设备等三级负荷供电，组织另一主变电所向全线一、二级负荷供电，车站、列车维持正常运营，车站、列车司机向乘客广播地铁线停电受影响程度的信息，组织乘客维持正常的乘车秩序，并将受影响情况报告调度中心。调度中心及时将情况报告分公司有关领导。

2）给水排水组织措施：给水排水系统由于冷却泵停止运行，导致无法供冷。车站值班人员应注意地下环境温度，必要时增设排气扇，加强通风。同时检查各类集水井水位，以免积水水位过高影响行车信号及扶梯等相关设备的安全。

3）机电组织措施：由于全线只有一个主变电站供电，调度中心应通知相关部门密切关注设备运行状态，确保全线一类负荷、二类负荷供电正常。

（3）停电后的各运营岗位的应急处理措施

1）发生大面积停电时，车站工作人员应判明现场情况，启用紧急照明，在调度中心和值班站长的指挥下，积极开展疏导乘客工作；设备值班人员应关闭正在操作的设备，切断电源开关后，设法与外界取得联系，协助乘务人员共同开展疏导乘客工作。

2）发生接触网停电导致列车停运时，当班的列车司机是组织该列车所载乘客疏散的第一责任人，首先应通过广播稳定乘客情绪。在有通信条件时，听从调度中心值班调度或邻站值班站长的指挥；若列车停在隧道中，又与调度中心失去联系，司机必须指挥、引导乘客有步骤、有组织地向最近的车站疏散。一旦到达车站，当班列车司机依次服从车站值班员、值班站长、站长的组织指挥，直至将乘客安全引导至地面安全地带。

3）行车调度员、电力调度员、环控调度员、变电所等关键岗位的值班人员，应坚守岗位，确保本部门（中心）设备、设施和人员的安全，并采取一切可能措施减少停电损失。同时着手调查、收集管辖范围内人员、设备、设施停电影响情况，迅速将险情及初步救援方案向有关领导汇报。

4）各设备使用部门应做好停电后的设备保护，调度中心负责把失电主变电所高、低压侧开关分开，断开各类负荷开关；来电后经值班主任同意，按照主变电所、变电所、一级负荷、二级负荷、三级负荷的顺序，逐步恢复供电。

📋 【拓展阅读】

向模范学习精益求精的工匠精神

"90后"林凡是武汉地铁机电部电梯检修工。他是出了名的"快修手"，别人搞不定的地铁电梯故障，他一出马，"人到病除"。

上个月，2号线中山公园站一部手扶电梯出现了故障，运行一下就慢慢停下来，接着又运行，又停下来。工作人员紧急维修，可半天找不出故障原因，于是喊来林凡帮忙。林凡仔细观察电梯的运行情况，并在每次停的地方都用记号笔做个标记，经反复验证，最终发现造成该现象的原因是一处开关检测不灵敏。于是，他重新调整了开关，前后仅12min，电梯便恢复了正常，伙伴们不得不服。

看似简单操作的背后，却是年轻匠人夜以继日对自身技艺的磨炼。进入武汉地铁工作的6年来，林凡把所负责的257部电扶梯、52台垂直电梯琢磨了个透。8种不同类型电梯电路图册上，每一页都记满了笔记。

"将故障信息和维修技巧写在图纸的故障点上，这样便于分析，容易记住电路走向，检修起来快速便捷。"林凡介绍，自己还将收集到的全线网电梯故障信息以及与厂家等单位交流到的故障处置方法全记录并整理下来，还拍成照片存在手机里，随时查阅学习。同时，他还将工作中亲身遇到的 300 余个电梯故障案例一一记录，练就了不借助检测仪的情况下，通过眼观、耳听、手摸就能快速判断出电梯故障的绝活。

（来源：武汉晨报，《致敬最美地铁人：他们的热情和善意让我们如沐春风》）

【课后测评】

1. 站台门系统有哪些安全隐患？
2. 请简述列车到站后，一个或者数个滑动门不能正常打开的应急处理。
3. 请简述车站楼梯与自动扶梯设置原则。
4. 请简述车站自动扶梯操作及应急处理。
5. 请简述城市轨道交通大面积停电的危害。
6. 请简述停电后各运营岗位的应急处理措施。

05

项目五　公共安全类突发事件应急处理

项目描述

　　1995 年 3 月 20 日，日本邪教组织"奥姆真理教"在东京地铁系统内施放"沙林"毒气，造成 12 人死亡，5000 多人中毒。

　　2003 年 2 月 18 日，一名精神病人在韩国大邱市地铁蓄意纵火，造成 134 人死亡，136 人受伤。

　　从前面各种案例可以看出，城市轨道交通作为重要的公共交通工具，其所处区域地理位置的重要性，以及客流量大，空间狭窄，内部结构、设施、系统复杂的特点，使其容易成为某些犯罪分子的攻击目标，一旦发生纵火、爆炸、毒气等突发事件，若应急处理不当，势必会造成群死群伤的严重后果。

　　本项目结合城市轨道交通运营操作实际，将城市轨道交通突发事件中的公共安全类较常出现的乘客受伤、不明气体袭击、炸弹及不明物体恐吓（袭击）、聚众闹事及劫持人质等突发事件的处理进行教学。希望同学们通过项目学习，掌握公共安全类突发事件的处理原则、处理程序和对事故的分析总结方法，并培养应对突发事件的应变能力、沟通能力和心理素质。

任务一　乘客受伤事故应急处理

【任务目标】

知识目标：

1. 掌握乘客受伤的定义。

2. 掌握乘客受伤事故的处理原则。

3. 掌握现场急救的基本方法。

能力目标：

1. 根据应急处理工作流程，在教师的指导下，以小组合作、角色扮演等形式完成乘客受伤事故应急演练。

2. 具备良好的沟通表达能力，做好乘客解释工作。

3. 掌握现场急救技能。

4. 在任务驱动下，完成实训工单。

素质和德育目标：

1. 具备良好的服务意识。

2. 做好乘客服务工作，及时发现并处理可能存在的安全隐患。

3. 发生乘客受伤事件能冷静果敢，积极有效救援。

【案例引入】

某日，某地铁站带班值班站长在站台巡视时发现站台 3 号扶梯故障，有异响。他立即停梯，关闭扶梯上下围栏，并挂故障牌；同时报机电人员维修，写报修记录。电梯维修中心主任、维修人员接到报修电话后到达该站。维修人员到达现场后，根据车站工作人员的描述，对扶梯故障情况进行检查，发现在扶梯头部梳齿板处有 3 个小螺钉。维修人员进行了清除处理，之后开启扶梯试运转，看到扶梯运转正常，便向车站工作人员报告修复完成。此时维修人员在未打开该扶梯上方护栏门的情况下，打开了该扶梯下方的护栏门，且该扶梯处于运行状态。恰好有列车进站，乘客乘坐扶梯，由于该扶梯上方护栏门未完全打开，形成拥堵，发生多名乘客挤伤。事故现场混乱，哭叫声、吵闹声一片。

乘客 A：受到轻伤，大吵大闹，要求车站给出合理解释，情绪激动。

乘客 B：躺在地上，流血较多。据目击者称，当时 B 被压在最下面。

乘客 C：四肢多处擦伤，坐在一边沉默不语，态度不明。

车站工作人员在事故发生后，该如何处理？

【相关知识】

一、乘客受伤事故定义

乘客受伤是指在列车运输过程中或在站厅、站台、地铁拥有产权的通道、出入口等范围内出现的乘客（包括非在岗作业的地铁员工）感到不适、发病、昏迷或者意外事故受伤等事件，简称客伤。

常见乘客受伤事故的类别见表 5-1。

表 5-1　常见乘客受伤事故类别

范　围	类　别
上列车到下列车之间的列车运输过程中	脚踏进列车与站台空隙
	因车门/站台门开关而受伤
	落轨/进入线路
	列车内受伤
在站厅、站台、地铁拥有产权的通道、出入口内	扶梯摔伤
	站内摔伤
	闸机夹伤/刮伤
	第三方责任
	治安事件
	其他

二、乘客受伤事故处理原则

1）车站在处理乘客受伤事故时，要以保护人民利益、维护公司形象为原则，以人为本，给予乘客必要的帮助。

2）车站在处理乘客受伤事件时，要在第一时间内进行取证工作，尽可能得到旁证及当事人签字确认，以事实为依据，客观记录，充分留下原始资料。

3）及时将事件的处理结果报告给相关部门，以备后续处理。

三、乘客受伤事故处理程序

1. 乘客求助类处理

车站现场工作人员发现或接到受伤（病）乘客求助时，应立即报告值班站长并赶赴现场，了解伤（病）者情况及初步原因。

若伤（病）者意识清醒，应该询问其是否需要车站协助致电 120 急救中心，征得同意后，帮助其拨打 120 急救电话。询问伤（病）者家人联系电话，设法联系其家人尽快来站救护。伤（病）者家人到站后，由其家人将其接走，如车站致电 120 急救中心，救护人员到达后，车站协助将伤（病）者送至救护车上。如乘客认为是车站原因导致其受伤，要求车站派人同往医院时，车站员工应该请示站长及运营单位客伤主管部门，批准后方可派人陪同前往医院。

若伤（病）者情况危急，意识不清，不及时救护可能会有生命危险，车站应及时致电 120 急救中心，同时车站需及时上报行车调度员、车站站长及运营单位客伤主管部门。

2. 地铁设备致伤类处理

如因地铁设备造成事故，应立即停止该设备运作（影响列车运行的设备除外），并报告车站控制室。

3. 救助过程中必要的工作

1）疏散围观群众，寻找目击证人，收集、记录有关证人资料。

2）需要时，对乘客外伤进行简单的包扎处理。

3）如调查需要，应保护好现场，必要时对有关区域进行隔离，并用相机记录有关现场情况。

4）根据值班站长安排，站务人员到紧急出入口引导急救人员进站。

5）协助警方进行事故调查。

四、车站常用药品及客伤救治技巧

1. 车站常用药品

车站常用药品包括万花油、碘酒或双氧水（过氧化氢）、棉签、红药水或紫药水、止血贴、纱布、绷带等。

2. 轻微客伤救治技巧

1）对于没有出血的客伤，可使用万花油等药油涂抹处理，注意力度，避免造成乘客剧烈痛楚。

2）对出现流血的客伤，应先使用清水进行伤口清洁，把脏污及血迹洗去。

3）清洁完毕后，如伤口出血较少的，使用止血贴处理；如伤口较大或持续出血的，用棉签蘸取适量碘酒或双氧水（过氧化氢）对伤口表面消毒，并在离伤口 5~8cm 处用绷带绑扎以减缓血液流动，后用棉签蘸取适量红药水或紫药水涂于伤口表面，待流血停止后可松开绷带。

4）咨询乘客是否对所使用的药品有过敏或不良反应。

3. 较重客伤救治技巧

1）询问乘客受伤部位及除受伤部位外其他部位是否感觉不适、有何不适。

2）在不了解乘客受伤状况时，应尽量避免移动乘客身体任一部分，切忌按压心、肺、肝、胆、肾脏等器官位置，以免对乘客造成二次伤害，现场使用屏风进行围闭，等待 120 人员到场处理。

3）因实际情况需要，确实需要移动受伤乘客的，在征得乘客同意后局部移动手部或脚部，尽量避免移动颈部。

4）需要把受伤乘客抬离现场的，原则上依靠伤者肩部及下肢将其转移至担架后抬离现场。把伤者转移至担架上时，必须安排专人负责承托伤者颈部及头部，抬起时应尽量保持伤者上身与颈部、头部处于同一平面。

📰 【拓展与提高】

一、乘客受伤事故后，证据的收集管理

1）客伤发生后，车站工作人员应及时、全面、准确地收集证据，现场取证的种类包括当

事人陈述、证人证言、视听资料、书证、物证等。如发生需地铁公安人员介入事件调查的情况，车站工作人员也要尽力、主动、及时取证。在收集证据过程中充分利用录音、拍照等技术做好证据保存。

2）目击证人至少挽留两名。证人尽量不选择地铁员工、当事人的亲属或有利害关系、其他关系的人；如果现场无合适证人，只有当事人亲朋，也需其留下证词，并且应安排专人接洽现场挽留的证人。

3）当事人、目击证人填写《事件经过记录表》时应注明详细、真实的联系方式、家庭地址、身份证号码等。

4）车站工作人员及目击证人在记录事情经过时要完整，注意细节。例如：事件发生时周围的环境、设备状况；当事人所带行李及随行人员；是否由自身健康原因（如生病等）、第三者或其他外部因素造成受伤；当事人是主观故意还是过失；初步判断当事人受伤的部位、伤势情况；发生事件后采取的处理方式等。

5）当事人书面陈述时因身体状况及其他客观因素而必须由他人代写的，需经当事人同意，书写完毕由双方签字或按手印确认。

6）书面的证据尽量不涂改，确需涂改的需在涂改处盖章或签名证明。填写《事件经过记录表》时要在结尾处注明"以上情况属实"，并由书写人签名确认。

7）证据材料由事发车站保存，如其他部门、质量安全部负责人因工作需要提取的，应做好交接记录。

8）地铁工作人员不得擅自将目击证人的身份和资料泄露给外部人员或媒体，不得擅自将事情经过、内容及相关情况告知无关人员。

二、《事件经过记录表》的格式要求

客伤事件经过应该详细记录的内容，具体请参照事件经过记录细节表填写。

记录细节表根据客伤类型不同而内容不一，本书主要介绍扶梯类、站台门/车门类、摔倒类等三种常见的客伤记录表，详见表 5-2、表 5-3、表 5-4。

表 5-2　扶梯类客伤事件经过记录表

客伤类型	记录人	笔录需记录的细节
扶梯	目击证人	1）时间（年、月、日、时、分）
		2）地点（车站名、出入口名称、站厅/站台、扶梯的编号）
		3）当事人的外貌特征（性别、年龄、衣着等）
		4）事情的起因、经过、结果
		5）事情发生时扶梯的状态，运行是否正常，警示标志是否完好无缺

（续）

客伤类型	记录人	笔录需记录的细节
扶梯	目击证人	6）乘客携带行李的数量及大小，是否握紧扶手带或在扶梯上奔跑打闹
		7）乘客是否有家属或朋友陪同，他们的性别、年龄
		8）是否由自身健康原因造成；或是否由第三者原因造成，第三者与当事人是什么关系
		9）事发后工作人员的处理方式
		10）其他需要说明的情况
	当事人	1）同"目击证人"的1）~9）点
		2）受伤的部位、程度
		3）其他需要说明的情况
	工作人员	1）同"目击证人"的1）~9）点
		2）事发当天的工作岗位
		3）乘客当时的精神状态，受伤的部位、程度
		4）事发地点是否有摄像头监控
		5）其他需要说明的情况

表 5-3　站台门/车门类客伤事件经过记录表

客伤类型	记录人	笔录需记录的细节
站台门/车门夹人	目击证人	1）时间（年、月、日、时、分）
		2）地点（车站名、上行或下行站台、站台门/车门的编号）
		3）当事人的外貌特征（性别、年龄、衣着等）
		4）事情的起因、经过、结果
		5）事情发生时乘客是否抢上抢下，是否有手扶车门/站台门或倚靠车门/站台门
		6）事情发生时站台门的状态：开/关门提示音是否有响，车站广播是否有提醒，开/关门状态是否正常，警示标志是否完好无缺
		7）站台边缘是否有障碍物，地面是否有渍水或油污等
		8）是否由自身健康原因造成；或是否由第三者原因造成，第三者与当事人是什么关系
		9）乘客携带行李的数量及大小
		10）事发后工作人员的处理方式
		11）其他需要说明的情况
	当事人	1）同"目击证人"的1）~10）点
		2）受伤的部位、程度
		3）其他需要说明的情况
	工作人员	1）同"目击证人"的1）~10）点
		2）事发当天的工作岗位
		3）乘客当时的精神状态，受伤的部位、程度
		4）是否有录像监控
		5）其他需要说明的情况

表 5-4　摔倒类客伤事件经过记录表

客伤类型	记录人	笔录需记录的细节
摔倒	目击证人	1）时间（年、月、日、时、分）
		2）地点（车站名；出入口名称；站厅/站台的具体位置，如付费区/非付费区）
		3）当事人的外貌特征（性别、年龄、衣着等）
		4）事情的起因、经过、结果
		5）事情发生时是否有障碍物，地面是否有渍水或油污，如有，是否有相关提示板或警示标志
		6）是否由自身健康原因造成；或是否由第三者原因造成及第三者与当事人是什么关系；是否在奔跑打闹；是否在边走边看其他东西而没有看脚下
		7）事发后工作人员的处理方式
		8）其他需要说明的情况
	当事人	1）同"目击证人"的 1）~7）点
		2）受伤的部位、程度
		3）其他需要说明的情况
	工作人员	1）同"目击证人"的 1）~7）点
		2）事发当天的工作岗位
		3）乘客当时的精神状态，受伤的部位、程度
		4）其他需要说明的情况

【课后测评】

案例：一位乘客在车站公厕内使用手纸的过程中，不慎刮到厕所不锈钢便纸盒盖的边缘，造成乘客右手食指一个大约 1cm 长度的伤口，伤口较深，流血比较多。经调查，乘客在使用手纸的过程中与不锈钢便纸盒间距不足 10cm，不锈钢便纸盒盖边缘锋利，非常容易造成乘客在使用时发生划伤。

作业：1. 写出此次事故的处理流程。

2. 分析此次事故发生的原因。

3. 总结此次事故的经验和教训。

任务二　不明气体袭击事件应急处理

【任务目标】

知识目标：

1. 掌握防护用品的使用方法。

2. 掌握不明气体袭击情况下各岗位的职责。

3. 掌握不明气体袭击事件应急处理的基本方法和常识。

4. 撰写不明气体袭击事件应急处理程序。

能力目标：

1. 根据应急处理工作流程，在教师的指导下，以小组合作、角色扮演等形式完成不明气体袭击事件应急演练。

2. 掌握现场急救技能。

3. 能根据评价标准，对演练进行评价，指出不足。

4. 在任务驱动下，完成实训工单。

素质和德育目标：

1. 预防为主，主动巡查、甄别，提高反恐防爆安全意识。

2. 临危不惧，严格遵守规程，做好应急处理工作，尽可能地保护乘客生命安全。

3. 明辨是非，分清善恶，积极投入反恐、防恐宣传。

【案例引入】

2016 年 9 月，东京新宿区高田马场地铁站发生疑似毒气袭击事件，多名乘客闻到类似油漆稀释剂的味道，并开始出现嗓子疼痛和咳嗽的现象。日本媒体报道称，共 20 人闻到了这种味道，9 人出现不良感觉，并拨打紧急救助电话。此后，专家赶赴地铁站调查奇怪气体来源。

【相关知识】

近年来遭到恐怖袭击的所有目标中，地铁占到了将近 1/3；因恐怖袭击造成的人员死亡总数量中，地铁占到了将近 1/2。地铁因其封闭运行且客流密集，容易成为恐怖分子袭击的目标。一方面，地铁结构复杂，地下空间通风不畅，在短时间内完成地铁系统排毒作业的难度较大，而且车站内客流量大，事前难以做到有效防范，发生事故后人员的疏散和救治相对困难，导致伤亡严重；另一方面，地铁运输是连续性的，一处中断，全线瘫痪，对城市交通的影响特别大，可能造成城市交通混乱，而且地铁线路长、出入口多，任何一个出入口的防范疏忽，都有可能让恐怖袭击事件有机会发生。

一、不明气体袭击事件的应急处理程序

城市轨道交通发生不明气体袭击事件时，应迅速判明不明气体种类及危害。各车站应按信息报告流程及时报告不明气体袭击事件发生的地点、时间、汇报人姓名与职务、事件起因及影响程度（乘客伤亡情况、中毒初步症状等）、事件概况等，并遵循"统一指挥、快速反应、各司其职、配合协同、以人为本、减少危害"的原则迅速处置。

1. 车站不明气体袭击事故的应急处理

（1）行车值班员岗位应对流程

1）行车值班员按下闸机全开按钮，报告行车调度员、环控调度员、站长；立即向地铁派

出所（或拨打 110）报警并确认事故现场情况，联系 120 及时救护伤员。

2）根据环控调度员指令，按实际情况正确开启或关闭消防设备，根据行车调度员命令，指挥现场列车，防止列车进入事发车站。

3）通过监视器密切注意车站情况，加强广播宣传，引导疏散乘客。

（2）值班站长岗位应对流程

1）客运班长立即组织车站工作人员疏散乘客，抢救伤员，控制现场。

2）通知车站值班员关闭车站所有的送、排风设备；保护现场，维护秩序，设置警戒区，第一时间寻找证人、证据。

3）上级指挥小组到现场后，应尽快上报收集到的现场信息，并根据上级命令，进行相关操作。

（3）客运值班员岗位应对流程

1）客运值班员应携带必要的应急装备（如防毒面具）组织乘客疏散，抢救伤员，控制现场。

2）加强站台监护，防止乘客跌入轨道。

3）引导站台上的乘客往站厅疏散。

4）保护现场，配合公安部门调查取证。

（4）站务员岗位应对流程

1）站务员应根据命令，停止售票，并将票款及时转移至安全地点。

2）及时打开边门，引导乘客从边门及进出站闸机处疏散。

3）带好器具尽快赶赴现场，参与疏散站厅乘客。

（5）安全员岗位应对流程

1）一名安全员到车控室取防毒面具分发给车站各岗位人员，另一名安全员要对站台乘客进行疏散，从站台疏散至站厅，并就疏散情况与车控室行车值班员做好沟通。

2）与客运值班员将站台乘客疏散完毕后，进行二次确认，一起到站厅对乘客进行疏散。

3）与车站工作人员一起到出入口集合。

2. 到站列车发生不明气体袭击事故的应急处理

列车司机发现异常报告后及时广播，稳定乘客情绪；迅速打开所有车门，利用车厢广播引导乘客往站台上疏散；用车载电话，迅速向行车调度员汇报；配合车站组织乘客往站厅疏散，及时抢救伤员。

其他人员处置措施同车站不明气体袭击事故。

3. 列车在区间发生不明气体袭击事件的应急处理

（1）行车值班员岗位应对流程

1）行车值班员发现列车在区间内发生不明气体袭击案件后（行车调度员告知或本站发现），行车值班员立即按下闸机全开按钮，立即向地铁派出所（或拨打 110）报警；报告行车调度员、站长；联系 120，及时救护伤员。

2）立即报告环控调度员，按车站实际情况关闭车站所有送、排风设备（有环控调度员预先通告，应提前关闭车站所有送、排风设备）。

3）加强广播宣传，引导疏散乘客；并且随时根据行车调度命令，指挥现场列车，防止后续列车进入事发车站；通过监视器严密监控车站情况。

（2）值班站长岗位应对流程　客运班长的应对处置措施同车站不明气体袭击事故的，但要注意，如预先得到行车调度员通告，应先疏散车站内乘客，待事发列车到站后，组织力量疏散车厢内的乘客。

（3）客运值班员岗位应对流程

1）客运值班员应携带必要的应急装备（如防毒面具）组织乘客疏散，抢救伤员，控制现场。

2）加强站台监护，随时准备列车到站后的乘客疏散。

3）引导站台上的乘客往站厅疏散。

4）保护现场，配合公安部门调查取证。

（4）站务员岗位应对流程　站务员的应对处置措施同车站不明气体袭击事故的。

（5）安全员岗位应对流程　安全员的应对处置措施同车站不明气体袭击事故的。

（6）列车司机岗位应对流程

1）列车司机应利用车载电话或其他联系方式，迅速向行车调度员汇报情况及建议采取的措施。

2）根据行车调度员命令将列车前进（后退）至就近车站（如车载电话故障，无法联系到行车调度员，列车只能正向运行至前方站，到站后应立即利用站台电话，与行车调度员取得联系）。

3）列车到站后，迅速打开所有车门，利用车厢广播引导乘客往站台上疏散，配合车站引导站台上的乘客向站厅疏散，及时抢救伤员，根据行车调度员指令将列车开到指定地点。

二、防护用品的使用方法

不明气体袭击事件中，常用的护具是防毒面具。防毒面具按防护原理，可分为过滤式防毒面具和隔绝式防毒面具，分别如图 5-1 和图 5-2 所示。

图 5-1　过滤式防毒面具

图 5-2　隔绝式防毒面具

过滤式防毒面具，由面罩和滤毒罐（或过滤元件）组成；隔绝式防毒面具，由面具本身提供氧气，分贮气式、贮氧式和化学生氧式三种。

各种防毒面具的材质和结构不同，但都可以参照同样的使用方法，以下为硅胶大视野防毒面具使用及维护方法。

（1）防毒面具使用前检查

1）使用前需检查面具是否有裂痕、破口，确保面具与脸部密合性。

2）检查呼气阀片有无变形、破裂及裂缝。

3）检查头带是否有弹性。

4）检查滤毒盒座密封圈是否完好。

5）检查滤毒盒是否在使用期内。

（2）防毒面具佩戴说明　防毒面具佩戴说明如图 5-3 所示。解开下方头带的搭扣，将面具罩住口鼻。拉起上方头带，将头架舒适地置于头顶位置。拉住下方头带的两端，在颈后将搭扣扣住。调整头带松紧，使面具与脸部密合良好。先调整上方头带，然后调整颈后头带。如头带拉得过紧，可用手指向外推按搭扣，将头带放松。

图 5-3　防毒面具佩戴说明

（3）防毒面具佩戴密合性测试　防毒面具佩戴密合性测试如图 5-4 所示。进入污染区域前，必须检查呼吸器与脸部的密合性。

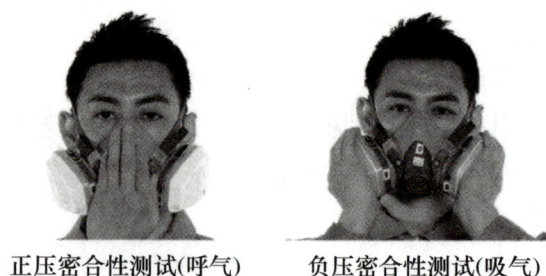

正压密合性测试(呼气)　　　负压密合性测试(吸气)

图 5-4　防毒面具佩戴密合性测试

1）正压密合性测试。将手掌盖住呼气阀的出口。应避免过度用力，破坏面罩的密合。缓缓呼气。若面罩稍微鼓起且面部和面罩之间没有空气漏出，说明密合良好。

2）负压密合性测试。压紧进气口后，轻轻吸气。若您感到面罩稍微塌陷，同时面部与面罩之间没有空气漏入，说明密合良好。

（4）滤毒盒及防毒面具更换条件

1）按照滤毒盒的有效防毒时间更换或感觉有异味时更换。

2）佩戴时如闻到毒气微弱气味，应立即离开有毒区域。

3）有毒区域的氧气占体积的 18% 以下、有毒气体占总体积 2% 以上的地方，各类型滤毒罐都不能起到防护作用。

【拓展与提高】

一、不明气体袭击事故的预防措施

1. 建立功能齐全的综合监控系统

综合监控系统主要负责监控地铁基础设施及列车运行状态是否正常、车站及列车内乘客行为是否正常，一旦发生异常现象就及时发出警报。控制中心调度员可以实时掌握各线路的运营情况及设备状况，车站行车值班员也可以了解整个线路的事故情况，从而与调度员及救援人员进行准确的信息交流，方便事故处理和整体协调。建立健全的综合监控系统既能有效预防恐怖袭击的发生，又能在事故发生后提高事故处置效率。当发生不明气体袭击事故后，车站监控人员和现场人员能够发现乘客的惊慌失措等异常情况，以及接到乘客的报告和车站工作人员的报告后，必须要第一时间做好上报，并按照应急预案进行现场处置。

2. 提高乘客的应对能力

应加强对乘客危机管理意识的培养，提高乘客在危机中的自我救助能力。乘客当遇到不明气体袭击或发现危险物品时，应按照以下原则进行应急处置：

第一，当发现危险物品时，应立即远离危险物品，并及时报警。如果乘客在车站或列车内发现可疑物品，应立即远离，切勿自行处置，并报告工作人员，待工作人员和民警到达后，应配合应急处置人员做好调查工作。

第二，如果危险物品发生爆炸或毒气泄漏，应听从车站工作人员的指挥，迅速撤离到安全地点，切勿因慌乱造成拥挤或踩踏事件。如果乘客发现有可疑物品，不要出于好奇带走或者捡拾起来查看，要立即报告车站工作人员，避免出现放射性物品泄漏等问题。

第三，当乘客遇到毒气袭击时，应立即将手帕、衣服等浸湿并堵住口鼻，遮住裸露皮肤，避免大量吸入有毒气体，同时立即报警，耐心等待。

第四，如果很容易判断出毒气的来源，应向有毒气体的上风口处躲避，并注意有序疏散，避免拥挤和踩踏。

第五，到达安全地点后，应用流动的清水擦洗身体的裸露部位，并听从医护人员的安排。

3. 完善不明气体袭击的应急预案和应急演练

各类预案除落实人员及救援措施外，重点是要保证设施、设备及技术措施的可操作性。

进行有针对性的应急演练，加强对工作人员的法制教育、业务培训、安全教育和职业道德教育。一旦发生恐怖袭击事件，各部门和责任人要能够按预案迅速进入工作状态。

4. 建立高效的危机管理体制

一旦发生不明气体袭击事件，应立即根据相关预案协调各个部门，由决策机构制定相应的危机策略，依据危机种类，相应的危机管理部门开展具体的行动。各部门应在现场指挥机构的统一调度下，坚持"先人后物"的原则，有秩序、有组织地疏散、转移乘客和地铁工作人员，把人员伤亡减到最少。

二、车站发生危险化学品泄漏事件处理要点

车站发生危险化学品泄漏事件处理要点见表 5-5。

表 5-5　车站发生危险化学品泄漏事件处理要点

事 件 描 述	情况分析	处 理 要 点
发生人员中毒（含有毒液体、有毒气体、化学毒剂等）	—	1）人员安全保障：事发站立即停止服务，组织疏散乘客，通知车站人员（站务人员、驻站维修人员、保安人员、保洁人员、商铺人员等）撤离 2）撤离人员隔离：怀疑为化学毒剂袭击时，将疏散到站外安全地点的乘客及车站员工隔离，设置缓冲区，等待专业部门处理 3）环控模式：车站环控系统采取迅速有效的排烟手段，向乘客输送必要的新风，引导乘客向站外疏散 4）行车安排：组织列车小交路运行 可能情况下按常见危险化学品应急处理和控制措施对受到伤害的人员进行急救
气体泄漏但未发生人员中毒（含有毒液体、有毒气体、化学毒剂等）	少量泄漏	1）人员安全保障：列车清客，确认人员是否有中毒征兆，如没有，则进行泄漏物处理 2）泄漏物处理：尽可能关闭其容器阀门，将其移至站外
	大量泄漏	1）人员安全保障：事发站立即停止服务，组织疏散乘客，通知车站人员（站务人员、驻站维修人员、保安人员、保洁人员、商铺人员等）撤离 2）泄漏物处理：在没有人员中毒征兆的情况下，尽可能关闭其容器阀门（注意不能携带对讲机、手机等电子设备），如不能移至站外，就可使用消防栓向泄漏区域喷洒水雾或将棉被等淋湿后，覆盖在其容器上。后续处理交由专业部门 3）人员急救：可能情况下按常见危险化学品应急处理和控制措施对受到伤害的人员进行急救 4）行车安排：组织列车小交路运行

三、在站列车发生危险化学品泄漏事件处理要点

在站列车发生危险化学品泄漏事件处理要点见表 5-6。

表 5-6　在站列车发生危险化学品泄漏事件处理要点

事件描述	情况分析	处理要点
发生人员中毒（含有毒液体、有毒气体、化学毒剂等）	—	1) 人员安全保障：事发列车立即疏散，事发站立即停止服务，通知司机、车站人员（站务人员、驻站维修人员、保安人员、保洁人员、商铺人员等）撤离 2) 撤离人员隔离：怀疑为化学毒剂袭击时，将疏散到站外安全地点的乘客及车站员工隔离，设置缓冲区，等待专业部门处理 3) 环控模式：向隧道提供一定的新风量，以维持乘客一段时间内能够接受的环境；车站环控系统采取迅速有效的排烟手段，向乘客输送必要的新风，引导乘客向站外疏散 4) 人员急救：可能情况下按常见危险化学品应急处理和控制措施对受到伤害的人员进行急救 5) 行车安排：组织列车小交路运行
气体泄漏但未发生人员中毒（含有毒液体、有毒气体、化学毒剂等）	少量泄漏	1) 人员安全保障：列车清客，确认人员是否有中毒征兆，如没有，则进行泄漏物处理 2) 泄漏物处理：尽可能关闭其容器阀门，将其移至车外。如不能保持车门处于打开状态，待其泄漏完毕后，运行至就近存车线或回厂处理
	大量泄漏	1) 人员安全保障 ① 事发列车立即疏散，事发站立即停止服务，组织疏散乘客，通知车站人员（站务人员、驻站维修人员、保安人员、保洁人员和商铺人员等）撤离 ② 确认人员是否有中毒征兆，如有尽快处理 2) 泄漏物处理：在未有人员中毒征兆的情况下，尽可能关闭其容器阀门（注意不能携带对讲机和手机等电子设备），将其移至站外或车外。如不能将其移至站外或车外，在车内时，保持车门处于打开状态，可使用消防栓向对应的站台区域喷洒水雾或将棉被等淋湿后，覆盖在其容器上。后续处理交由专业部门 3) 人员急救：可能情况下按常见危险化学品应急处理和控制措施对受到伤害的人员进行急救 4) 行车安排：事发列车扣车，组织列车小交路运行

【课后测评】

案例：某日上午 10 时 48 分，某地铁警方接群众报警，称 5 号线列车在运行到某站时有不明气味散发。接报后，地铁警方立即指令派出所、刑警大队警力携带专业装备前往处置。民警到场后，迅速对列车开展勘查，同时协助车站有序疏散乘客。至 10 时 52 分，列车开出车站，地铁运营秩序恢复正常。经初步调查，该列车尾部车厢当时有两名男乘客正玩弄一瓶状物，后该物散发出刺激性气味。气味造成车上乘客躲避，在这过程中，有乘客相互间发生挤碰，一些人的行李掉落。民警随后在现场找到该瓶状物，经勘验，系省外一厂家生产的女性"防狼喷剂"。

作业：1. 写出此次事故的处理流程。

　　　2. 分析此次事故发生的原因。

　　　3. 总结此次事故的经验和教训。

任务三　炸弹、不明物体恐吓（袭击）事件应急处理

【任务目标】

知识目标：

1. 能判断常见的危险品标志。

2. 掌握常见恐怖袭击手段。

3. 了解如何识别可疑人员、车辆、爆炸物。

4. 熟悉遇有匿名威胁爆炸或扬言爆炸的应急办法。

能力目标：

1. 根据应急处理工作流程，在教师的指导下，以小组合作、角色扮演等形式完成恐怖袭击事件应急演练。

2. 掌握反恐防爆用品的使用方法。

3. 能根据评价标准，对演练进行评价，指出不足。

4. 在任务驱动下，完成实训工单。

素质和德育目标：

1. 预防为主，主动巡查、甄别，提高反恐防爆安全意识。

2. 临危不惧，严格遵守规程，做好应急处理工作，尽可能保护乘客生命安全。

3. 明辨是非，分清善恶，积极投入反恐、防恐宣传。

【案例引入】

　　某地铁站疑似有炸弹，警察不仅封闭了现场，还禁止拍照，整个排查过程持续1小时。地铁公司随后证实，只是虚惊一场，"疑似炸弹"是遗落的行李箱。

　　事后地铁相关负责人介绍，"疑似炸弹"只是一个普通的硬盒行李箱。有乘客发现一个黑色行李箱被置于站厅柱旁，并告知工作人员，工作人员立即报告公安部门。警方出动，对行李箱进行围蔽检查。经过1小时的排查后证实，箱里只有衣服和日用品，为粗心乘客所遗落。

　　地铁相关负责人提醒乘客，如果发现的是很容易判断的物品，比如一双鞋、一件衣服，可以交给地铁工作人员。如果遇到不明物品，还是要报告工作人员，由工作人员通知警方来排查。

📋 【相关知识】

一、轨道交通禁止携带物品目录（以北京地铁为例）

2015 年 5 月 14 日，北京市公安局公交总队召开新闻发布会公布《北京市轨道交通禁止携带物品目录》，主要内容如下。

（一）枪支、子弹类（含主要零部件）

1）军用枪：手枪、步枪、冲锋枪、机枪、防暴枪等以及各类配用子弹。

2）民用枪：气枪、猎枪、运动枪、麻醉注射枪等以及各类配用子弹。

3）其他枪支：道具枪、发令枪、钢珠枪等。

4）上述物品的样品、仿制品。

（二）爆炸物品类

1）弹药：炸弹、照明弹、燃烧弹、烟幕弹、信号弹、催泪弹、毒气弹、手雷、地雷、手榴弹等。

2）爆破器材：炸药、雷管、导火索、导爆索、导爆管、震源弹等。

3）烟火制品：礼花弹、烟花、鞭炮、摔炮、拉炮、砸炮等各类烟花爆竹以及发令纸、黑火药、烟火药、引火线等。

4）上述物品的仿制品。

（三）管制器具及具有一定杀伤力的其他器具类

1）管制刀具：匕首，三棱刮刀，带有自锁装置的弹簧刀（跳刀），刀尖角度小于 60°、刀身长度超过 150mm 的各类单刃、双刃和多刃刀具，刀尖角度大于 60°、刀身长度超过 220mm 的各类单刃、双刃和多刃刀具，以及符合上述条件的陶瓷类刀具。

2）催泪器、催泪枪、电击器、电击枪、防卫器、弓、弩等具有一定杀伤力的器具。

3）射钉弹、发令弹等含火药的制品。

4）菜刀、砍刀、美工刀等刀具，锤、斧、锥、铲、锹、镐等工具，矛、剑、戟等，以及其他可造成人身被刺伤、割伤、划伤、砍伤等的锐器、钝器。

5）警棍、手铐等军械、警械类器具。

（四）易燃易爆品类

1）压缩气体和液化气体：氢气、甲烷、乙烷、丁烷、天然气、乙烯、丙烯、乙炔（溶于介质的）、一氧化碳、液化石油气、氟利昂、氧气（供病人吸氧的袋装医用氧气除外）、水煤气等及其专用容器。

2）易燃液体：汽油、煤油、柴油、苯、乙醇（酒精）、丙酮、乙醚、油漆、稀料、松香油及含易燃溶剂的制品等及其专用容器。

3）易燃固体：红磷、闪光粉、固体酒精、赛璐珞、发泡剂 H 等。

4）自燃物品：黄磷、白磷、硝化纤维（含胶片）、油纸及其制品等。

5）遇湿易燃物品：金属钾、钠、锂、碳化钙（电石）、镁铝粉等。

6）氧化剂和有机过氧化物：高锰酸钾、氯酸钾、过氧化钠、过氧化钾、过氧化铅、过氧乙酸、过氧化氢等。

7）2000mL（含）以上白酒，5 个（含）以上打火机，10 盒或 200 根（含）以上火柴，以及其他包装上带有易燃、易爆等危险化学品标志或提示信息的日常用品类（如花露水、洗甲水、发胶、摩丝等）。

（五）毒害品类

氰化物、砒霜、剧毒农药等剧毒化学品以及硒粉、苯酚等。

（六）腐蚀性物品类

硫酸、盐酸、硝酸、氢氧化钠、氢氧化钾、蓄电池（含氢氧化钾固体、注有酸液或碱液的）、汞（水银）等。

（七）放射性物品类

放射性同位素等。

（八）传染病病原体

乙肝病毒、炭疽杆菌、结核杆菌、艾滋病病毒等。

（九）其他危害公共安全、列车运行安全的物品

如可能干扰列车信号的强磁化物、有强烈刺激性气味的物品、不能判明性质可能具有危险性的物品等。

（十）国家法律、行政法规、规章规定的其他禁止持有、携带、运输的物品

二、炸弹、不明气体和物体恐吓（袭击）事件的信息通报流程

炸弹、不明气体和物体恐吓（袭击）事件信息通报流程如图 5-5 所示。

三、车站恐吓（袭击）事件应急处置流程

车站恐吓（袭击）事件应急处置流程如图 5-6 所示。

四、车站恐吓（袭击）事件各岗位应急处理指引

车站恐吓（袭击）事件各岗位应急处理指引见表 5-7。

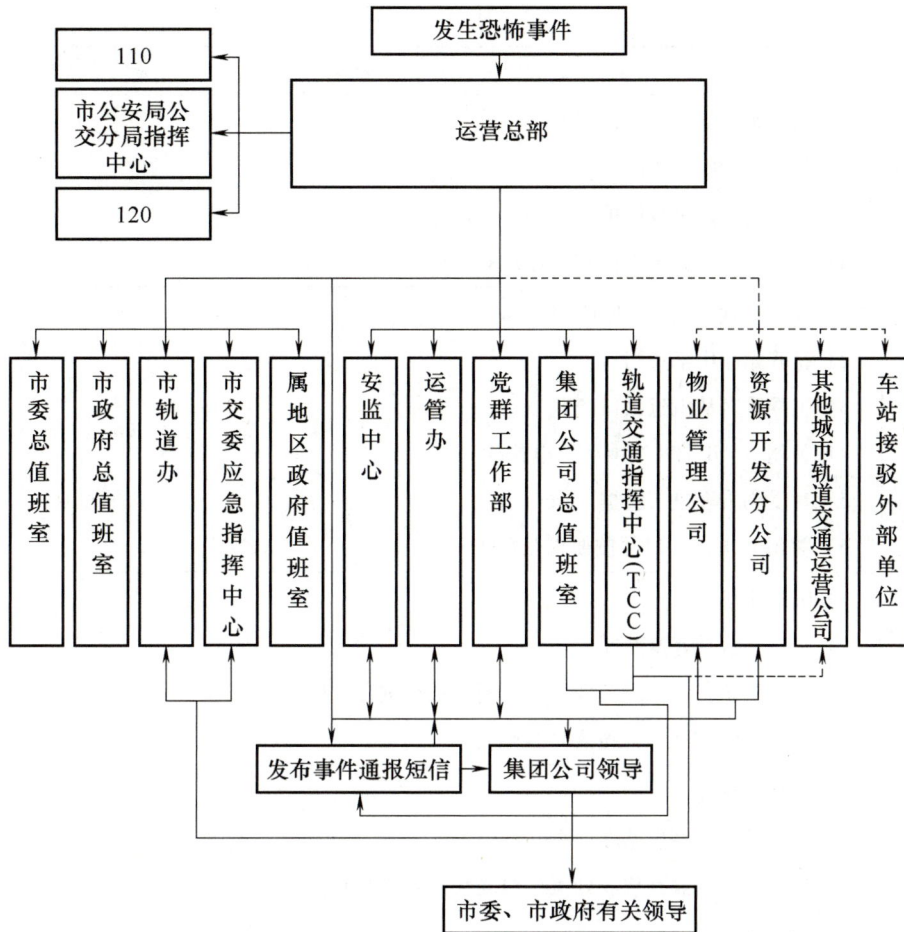

图 5-5　炸弹、不明气体和物体恐吓（袭击）事件信息通报流程

表 5-7　车站恐吓（袭击）事件各岗位应急处理指引

岗　　位	行　动　指　引
现场发现人员	1）立即报告车控室 2）疏散周边乘客 3）对现场进行隔离 按照值班站长要求执行相关预案
行车值班员	1）立即报值班站长、治安值班副站长、OCC、运管办 2）立即报 110、120 3）通过 CCTV 监控事发现场 4）根据值班站长要求执行相关预案，开启车站闸机、环控模式 5）播放应急广播 6）及时通知驻站工班及相关单位进行人员疏散 7）及时向行调报告事件处理进展情况 8）接到撤离通知时，须与 OCC 留下两个以上联系方式
客运值班员	1）接报后，赶赴现场协助疏散乘客 2）对受伤乘客进行救护 3）负责确认是否开启车站闸机、环控模式

（续）

岗 位	行 动 指 引
站务员（厅巡岗）	1）引导乘客从就近出口疏散 2）打开站厅中部边门 3）对受伤乘客进行救护 4）关闭 A、B 端及换乘通道电扶梯
站务员（售票员岗）	1）收好票款，锁好客服中心 2）打开站厅中部边门 3）引导乘客从就近出口疏散 4）关闭 A、B 端及换乘通道电扶梯 5）对受伤乘客进行救护 6）关闭 A 端出入口并按要求张贴告示
站台站务员	1）隔离现场 2）疏散站台乘客至站厅 3）携带应急备品到现场处置，对受伤乘客进行救护 4）关闭 B 端出入口并按要求张贴告示
站台保安	1）隔离现场 2）疏散站台乘客至站厅 3）携带应急备品到现场处置，对受伤乘客进行救护
站厅保安	1）隔离现场 2）协助疏散站内乘客 3）携带应急备品到现场处置，对受伤乘客进行救护 4）关闭出入口并按要求张贴告示
保洁	1）协助疏散站内乘客 2）按照站长、值班站长要求到出入口接增援人员及 110 警员、120 急救人员等
值班站长	1）组织指挥车站人员疏散站内乘客 2）安排人员到出入口接增援人员 3）向外部救援力量汇报现场情况 4）配合外部救援力量进行事件处置 5）确认站内乘客、工作人员是否疏散完毕
治安值班副站长	1）接报后，赶赴现场 2）指挥车站人员进行现场处置
支援岗	1）到达现场后，前往车控室报到 2）根据站长、值班站长安排，负责相应的工作

五、车站防暴器材装备配备标准

车站防暴器材装备配备标准见表 5-8。

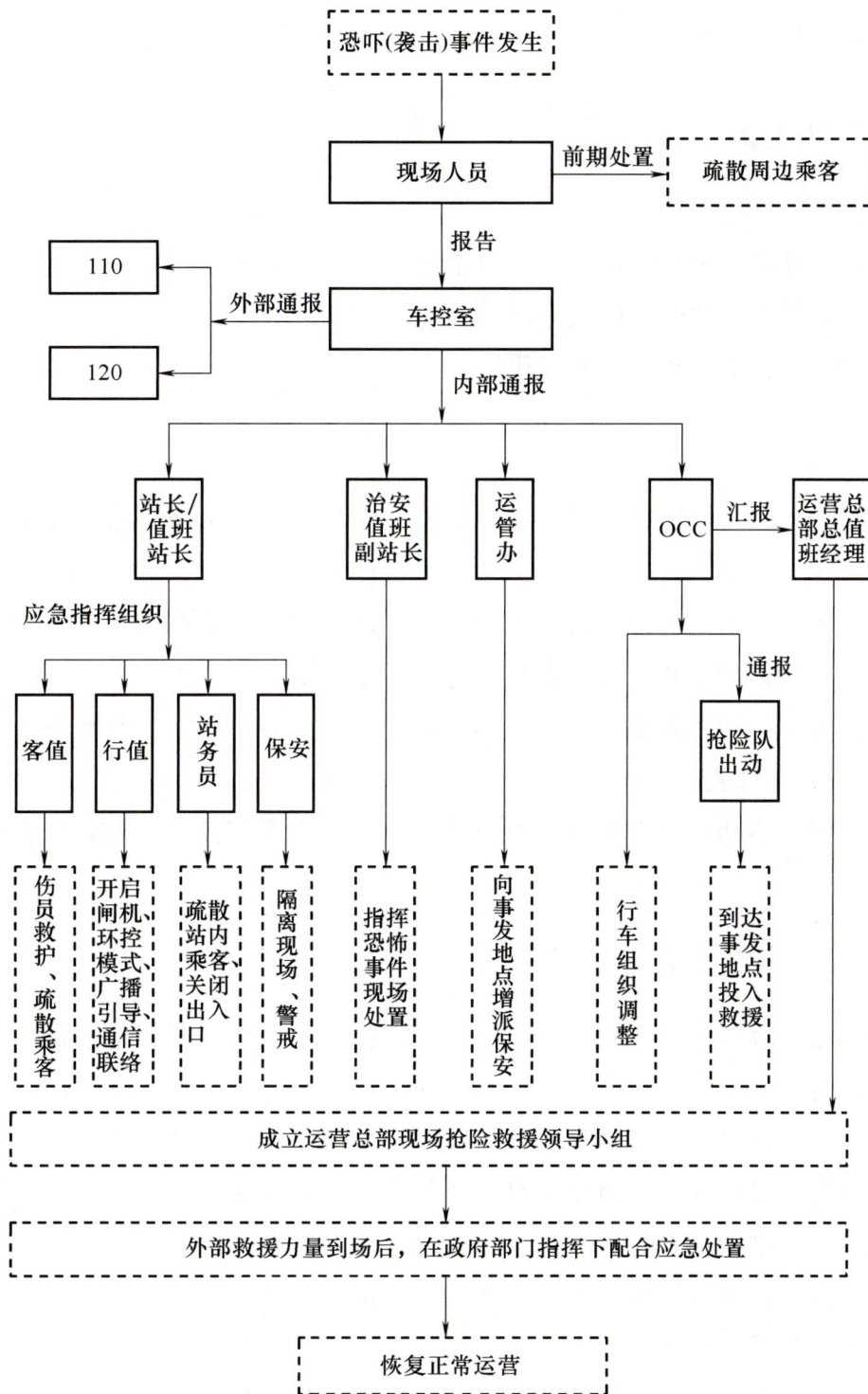

图 5-6　车站恐吓（袭击）事件应急处置流程图

表 5-8　车站防暴器材装备配备标准

防暴器材种类	警棍	盾牌	防刺背心	防割手套	高分贝报警器	钢管
配备标准	8 根/每站	2 件/每站	2 件/每站	2 件/每站	4 个/每站	6 根/每站

103

📰 【拓展与提高】

一、常见恐吓袭击手段

1. 常规手段

1）爆炸：炸弹爆炸、汽车炸弹爆炸、自杀性人体炸弹爆炸等。

2）枪击：手枪射击、制式步枪或冲锋枪射击等。

3）劫持：劫持人，劫持车、船、飞机等。

4）纵火。

2. 非常规手段

1）核与辐射恐怖袭击：通过核爆炸或放射性物质的散布，造成环境污染或使人员受到辐射照射。

2）生物恐怖袭击：利用有害生物或有害生物产品侵害人、农作物、家畜等。例如，发生在美国"9·11"事件以后的炭疽邮件事件。

3）化学恐怖袭击：利用有毒、有害化学物质侵害人、城市重要基础设施、食品与饮用水等。如东京地铁沙林毒气袭击事件。

4）网络恐怖袭击活动：利用网络散布恐怖袭击、组织恐怖活动、攻击计算机程序和信息系统等。

二、如何识别恐吓嫌疑人

实施恐吓袭击的嫌疑人脸上不会贴有标记，但是会有一些不同寻常的举止行为可以引起我们的警惕，例如：

1）神情恐慌、言行异常者。

2）着装、携带物品与其身份明显不符，或与季节不协调者。

3）冒称熟人、假献殷勤者。

4）在检查过程中，催促检查或态度蛮横、不愿接受检查者。

5）频繁进出大型活动场所。

6）反复在警戒区附近出现。

7）疑似公安部门通报的嫌疑人员。

三、如何识别可疑车辆

1）状态异常：车辆结合部位及边角外部的车漆颜色与车辆颜色是否一致，确定车辆是否改色；车的门锁、行李厢锁、风窗玻璃是否有撬压破损痕迹；车灯是否破损或异物填塞，车体表面是否附有异常导线或细绳。

2）车辆停留异常：违反规定停留在水、电、气等重要设施附近或人员密集场所。

3）车内人员异常：如在检查过程中，神色惊慌、催促检查或态度蛮横、不愿接受检查；发现警察后启动车辆躲避的。

四、如何识别可疑爆炸物

在不触动可疑物的前提下：

1）看：由表及里、由近及远、由上到下无一遗漏地观察，识别、判断可疑物品或可疑部位有无暗藏的爆炸装置。

2）听：在寂静的环境中用耳倾听是否有异常声响。

3）嗅：如黑火药含有硫黄，会放出臭鸡蛋（硫化氢）味；自制硝铵炸药的硝酸铵会分解出明显的氨水味等。

五、爆炸物在公共场所可能放置的位置

1）爆炸物放置在标志性建筑物或其他附近的建筑物内外。

2）爆炸物放置在重大活动场合，如大型运动会、检阅、演出、展览等场所。

3）爆炸物放置在人口相对聚集的场所，如体育场馆、影剧院、宾馆、运动员村、商场、超市、车站、机场、码头、学校等。

4）爆炸物放置在行李、包裹、食品、手提包及各种日用品之中。

5）爆炸物放置在宾馆、饭店、洗浴中心、歌舞厅及其易于隐蔽且闲杂人员容易进出的地点。

6）爆炸物放置在各种交通工具上。

7）爆炸物放置在易于接近且能够实现其爆炸目的的地点。

六、发现可疑爆炸物的处理办法

1）不要触动。

2）及时报警。

3）迅速撤离。疏散时，有序撤离，不要互相拥挤，以免发生踩踏造成伤亡。

4）协助警方的调查。目击者应尽量识别可疑物发现的时间、大小、位置、外观，有无人动过等情况，如有可能，用手中的照相机进行照相或录像，为警方提供有价值的线索。

七、遇有匿名威胁爆炸或扬言爆炸的应急办法

1）信：要"宁可信其有，不可信其无"，不能心存侥幸。

2）快：尽快从"现场"撤离。

3）细：细致观察周围的可疑人、事、物。

4）报：迅速报警，让警方了解情况。

5）记：用照相机或者摄像机等将"现场"记录下来。

八、在地铁内发生爆炸的个人应急办法

1）迅速按下列车报警按钮，使司机在监视器上获取报警信号。

2）依靠车内的消防器材灭火。

3）列车在运行期间，不要有拉门、砸窗、跳车等危险行为。

4）在隧道内疏散时，听从指挥，沉着冷静、紧张有序地通过车头或车尾疏散门进入隧道，向邻近车站撤离。

5）寻找简易防护物，如衣服、纸巾等捂鼻，采用低姿势撤离。视线不清时手摸墙壁撤离。

6）受到火灾威胁时，不要盲目跟从人流相互拥挤、乱冲乱摸，要注意朝明亮处，迎着新鲜空气跑。

7）身上着火不要奔跑，就地打滚或用厚重衣物压灭。

8）注意观察现场可疑人、可疑物，协助警方调查。

9）在平时乘坐地铁时要注意熟悉环境，留心地铁的消防设施和安全装置。

九、在站内发生爆炸的个人应急处理

1）迅速有序地撤离爆炸现场，避免拥挤、踩踏造成伤亡。

2）撤离时要注意观察站内的安全疏散指示和标志。

3）站内乘客应按照站内的疏散指示和标志从站台、站厅到疏散口再撤离到站外。

4）站内工作人员，应根据沿途的疏散指示和标志通过内部通道疏散。

5）不要因贪恋财物浪费逃生时间。

6）实施必要的自救和救助他人。

7）拨打报警电话，客观详细地描述事件发生、发展经过。

8）注意观察现场可疑人、可疑物，协助警方调查。

【课后测评】

1. 在城市轨道交通车站中发现乘客遗留物，应该如何处理？

2. 2012年8月，一名网友在微博发照片称某地铁2号线车厢扶手上被白色胶带缠绕的"不明立方体"看起来很像炸弹。随后，地铁官方微博就该网友的疑问做出答复：那些"小家伙"是联合同济大学对列车的湿度、温度等进行测试的仪器。

根据所学知识，针对这则新闻发表你的看法，并对类似事件提出建议。

06

项目六　突发公共卫生事件应急处理

项目描述

　　公共卫生事件，尤其是重大传染病疫情一旦发生，将会对社会各方面造成巨大损害。2020 年年初，新冠肺炎疫情暴发后，根据中国城市轨道交通协会的统计，从 2020 年 1 月 23 日部分城市地铁停止运营，部分城市的地铁调整了运营时间/班次，这导致全国地铁企业客流急剧减少甚至中断。

　　本项目以新冠肺炎疫情为例，对城市轨道交通中对突发公共卫生事件的防控措施进行详细介绍与分析。通过本项目的学习，同学们应掌握突发公共卫生事件的相关基本知识，熟悉城市轨道交通企业在突发公共卫生事件中的处理措施与沟通报告程序，提升面对突发公共卫生事件的应变能力和心理素质。

任务一　认识突发公共卫生事件

【任务目标】

知识目标：

1. 认识突发公共卫生事件的定义与危害性。

2. 了解突发公共卫生事件的类型。

能力目标：

1. 分析突发公共卫生事件的发生对城市轨道交通运营的影响。

2. 运用所学的知识进行突发公共卫生事件级别的判断。

3. 在任务驱动下，完成实训工单。

素质和德育目标：

提升对突发公共卫生事件的认识水平，提高对突发公共卫生事件的警惕性和防范意识。

【案例引入】

2003年4月至5月是"非典型性肺炎"（以下简称"非典"）大规模防疫阶段，期间全国并未出台全员停工的政策。但上海在2003年4月23日发布防控疫情公告之后，地铁客流还是受到了较大影响。上海地铁的日均客流量由原本的115万~125万人次降到了52万人次左右。在地面公交方面，客流量下降也较为严重，2003年4月上海公交日均客流量降幅在20%左右。北京市公交客流量下降约70%。"非典"让处于疫区的许多人放弃了公交，转而购买私家车。在北京，2003年4月新增机动车34571辆，同比上升23.8%。私人小型、微型客车净增2838辆，同比上升66.1%。除此之外，很多人还选择了骑行上下班，"五一"节日期间，北京城市公共交通、地铁、出租车和旅游客车共运送乘客1812.22万人次，不足平日半天的客运量。"非典"期间北京地铁为了消除乘客恐惧，实施了配套的"每日消毒"的公示制度，每天消毒并同时更新日期，该传统一直延续至今。

【相关知识】

一、突发公共卫生事件的定义

根据中华人民共和国2003年5月9日发布并实施的《突发公共卫生事件应急条例》，突发公共卫生事件是指突然发生，造成或者可能造成社会公众健康严重损害的重大传染病疫情、群体性不明原因疾病、重大食物和职业中毒以及其他严重影响公众健康的事件。这类事件具备的特征包括突发性、社区危害性、处理系统性等，是一种紧急状态的事件。

二、突发公共卫生事件的常见类型

1）重大传染病疫情流行性传染病的类型如图6-1所示。
2）群体性不明原因疾病事件。
3）重大食物中毒和职业中毒事件。
4）新发传染性疾病事件。
5）群体性预防接种反应和群体性药物反应事件。
6）重大环境污染事故。
7）影响公共安全的毒物泄漏事件、核事故、放射性事故。
8）生物、化学、核辐射恐怖事件。
9）影响公共健康的自然灾害事件。
10）其他严重影响公共健康的事件。

三、突发公共卫生事件的级别

根据突发公共卫生事件性质、危害程度、涉及范围，将突发公共卫生事件划分为四个级

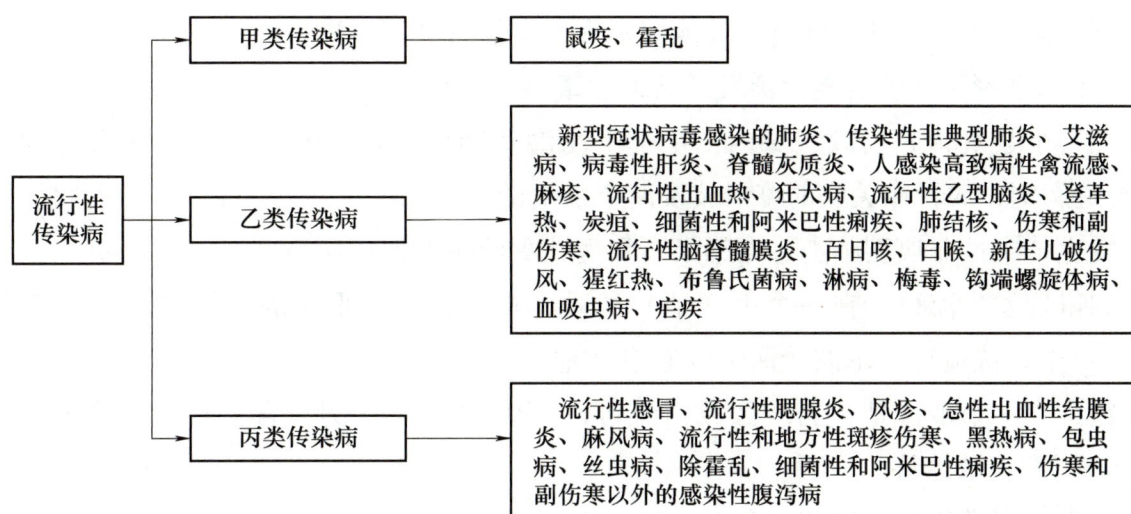

图 6-1　流行性传染病的类型

别，并以不同颜色进行预警，分别为特别重大（Ⅰ级）用红色预警、重大（Ⅱ级）用橙色预警、较大（Ⅲ级）用黄色预警以及一般（Ⅳ级）用蓝色预警。突发公共卫生事件级别见表 6-1。

表 6-1　突发公共卫生事件级别

突发公共卫生事件级别	预警等级
特别重大（Ⅰ级）	红色
重大（Ⅱ级）	橙色
较大（Ⅲ级）	黄色
一般（Ⅳ级）	蓝色

1. 有下列情形之一的为特别重大突发公共卫生事件（Ⅰ级）

1）肺鼠疫、肺炭疽在大、中城市发生并有扩散趋势，或肺鼠疫、肺炭疽疫情波及两个以上省份，并有进一步扩散趋势。

2）发生传染性非典型肺炎、人感染高致病性禽流感病例，并有扩散趋势。

3）涉及多个省份的群体性不明原因疾病，并有扩散趋势。

4）发生新传染病或我国尚未发现的传染病发生或传入，并有扩散趋势，或发现我国已消灭的传染病重新流行。

5）发生烈性病菌株、毒株、致病因子等丢失事件。

6）周边以及与我国通航的国家和地区发生特别重大传染病疫情，并出现输入性病例，严

109

重危及我国公共卫生安全的事件。

7）国务院卫生行政部门认定的其他特别重大突发公共卫生事件。

2. 有下列情形之一的为重大突发公共卫生事件（Ⅱ级）

1）在一个县（市）行政区域内，一个平均潜伏期（6天）内发生5例（含）以上肺鼠疫、肺炭疽病例，或者相关联的疫情波及两个以上的县（市）。

2）发生传染性非典型肺炎、人感染高致病性禽流感疑似病例。

3）腺鼠疫发生流行，在一个市（地）行政区域内，一个平均潜伏期内多点连续发病20例（含）以上，或流行范围波及两个以上市（地）。

4）霍乱在一个市（地）行政区域内流行，1周内发病30例（含）以上，或波及两个以上市（地），有扩散趋势。

5）乙类、丙类传染病波及两个以上县（市），1周内发病水平超过前5年同期平均发病水平两倍以上。

6）我国尚未发现的传染病发生或传入，尚未造成扩散。

7）发生群体性不明原因疾病，扩散到县（市）以外的地区。

8）发生重大医源性感染事件。

9）预防接种或群体性预防性服药出现人员死亡。

10）一次食物中毒人数超过100人（含）并出现死亡病例，或出现10例以上死亡病例。

11）一次发生急性职业中毒50人（含）以上，或死亡5人（含）以上。

12）境内外隐匿运输、邮寄烈性生物病原体、生物毒素造成我国境内人员感染或死亡的。

13）省级以上人民政府卫生行政部门认定的其他重大突发公共卫生事件。

3. 有下列情形之一的为较大突发公共卫生事件（Ⅲ级）

1）发生肺鼠疫、肺炭疽病例，一个平均潜伏期内病例数未超过5例，流行范围在一个县（市）行政区域以内。

2）腺鼠疫发生流行，在一个县（市）行政区域内，一个平均潜伏期内连续发病10例（含）以上，或波及两个以上县（市）。

3）霍乱在一个县（市）行政区域内发生，1周内发病10~29例或波及两个以上县（市），或市（地）级以上城市的市区首次发生。

4）1周内在一个县（市）行政区域内，乙、丙类传染病发病水平超过前5年同期平均发病水平一倍以上。

5）在一个县（市）行政区域内发现群体性不明原因疾病。

6）一次食物中毒人数超过100人（含），或出现死亡病例。

7）预防接种或群体性预防性服药出现群体心因性反应或不良反应。

8）一次发生急性职业中毒10~49人，或死亡4人以下。

9）市（地）级以上人民政府卫生行政部门认定的其他较大突发公共卫生事件。

4. 有下列情形之一的为一般突发公共卫生事件（Ⅳ级）

1）腺鼠疫在一个县（市）行政区域内发生，一个平均潜伏期内病例数未超过10例。

2）霍乱在一个县（市）行政区域内发生，1周内发病9例以下。

3）一次食物中毒人数30~99人，未出现死亡病例。

4）一次发生急性职业中毒9人（含）以下，未出现死亡病例。

5）县级以上人民政府卫生行政部门认定的其他一般突发公共卫生事件。

5. 突发公共卫生事件分级危害程度及影响

不同级突发公共卫生事件危害程度及影响见表6-2。

表6-2　不同级突发公共卫生事件危害程度及影响

级别	预警颜色	危害程度及影响
特别重大（Ⅰ级）	红色	规模极大，后果极其严重，影响超出本省（区）范围，需要动用全省（区）的力量甚至请求中央政府增援和协助方可控制，其应急处置工作由发生地省级政府统一领导和协调，必要时（超出地方处理能力范围或者影响全国的）由国务院统一领导和协调应急处置工作
重大（Ⅱ级）	橙色	规模大，后果特别严重，发生在一个市以内或是波及两个市以上，需动用省（市）级有关部门力量方可控制
较大（Ⅲ级）	黄色	后果严重，影响范围大，发生在一个县以内或是波及两个县以上，超出县级政府应对能力，需要动用市级有关部门力量方可控制
一般（Ⅳ级）	蓝色	影响局限在基层范围，可被县级政府所控制

四、在城市轨道交通中发生突发公共卫生事件的特点

1. 传播风险大

城市轨道交通空间结构半封闭、空气流通不畅、人群高度密集、客流高速流动等特点，都是突发公共卫生事件防控的难点，稍有不慎，城市轨道交通容易成为传染病等的传播途径，导致大面积、多区域、群体性交叉感染的严重后果。

2. 追踪排查困难

流行性传染疫情患者或疑似患者进入城市轨道交通车厢后，可能导致整个车厢甚至整个车辆的人员变为有接触史的疑似人员，且疑似患者或确诊患者乘坐城市轨道交通的关联轨迹、乘坐车厢、接触人员难以追踪，城市轨道交通的乘客非实名制、陌生环境、高度不确定性给疫情发生后的人员排查带来了巨大的困难。人员高度密集的地铁车厢如图6-2所示。

3. 影响正常运营秩序

为了切断流行性传染疫情的传播途径，积极防控的主要措施之一就是要求对进入车站的乘客实施体温检测，调整运营时间，但采取以上措施会导致进站时间延长，而且在执行过程中也会有少数乘客不配合进站测量体温，拒绝佩戴口罩，强行闯进车站，甚至还有拒绝离站等扰乱城市轨道交通正常运营秩序的情况发生。

图 6-2　人员高度密集的地铁车厢

4. 易导致乘客恐慌

每次发生突发公共卫生事件后，与突发公共卫生事件关联的造谣、传谣等制造恐慌的事件往往相继发生。城市轨道交通受限于空间结构和运行方式，由于隔离、梳理人群，排查疑似人员而引起的恐慌危害和后果甚至大于疫情本身。在公共舆情的放大镜下，城市轨道交通也容易被造谣者、传谣者盯上，发现可疑情况借机炒作或编造谣言，制造群体性恐慌，给城市轨道交通疫情防控增加难度。

【课后测评】

1. 简述有哪些情形的可判定为特别重大突发公共卫生事件。
2. 简述特别重大级别的突发公共卫生事件的危害程度及其影响。
3. 城市轨道交通发生突发公共卫生事件的特点有哪些？

任务二　突发公共卫生事件的应急处理

【任务目标】

知识目标：

1. 了解城市轨道交通突发公共卫生事件应急处理的原则。
2. 了解城市轨道交通突发公共卫生事件处理分级策略。
3. 理解并掌握突发公共卫生事件的应急处理安排。

能力目标：

1. 根据城市轨道交通突发公共卫生事件的处理原则，判断突发公共卫生事件的不同级别。
2. 对突发公共卫生事件危害及影响进行分析，能完整简述在城市轨道交通范围内发生突发公共卫生事件的特点。

3. 在任务驱动下，完成实训工单。

素质和德育目标：

1. 发生突发公共卫生事件时，勇于担当，能根据突发公共卫生事件的不同级别积极配合卫健疾控部门进行处理。

2. 树立疫情防控责任意识。

【案例引入】

广州市卫健委 3 月 16 日通报：新增 1 例外省来穗本土新冠病毒无症状感染者。根据该患者行动轨迹，3 月 16 日广州市交通运输局发布消息，从 3 月 16 日即时起，市交通运输部门临时采取以下公共交通管控措施：①地铁方面，地铁体育西路站 A 口、G 口采取封闭措施，其他出入口正常对外提供服务。②公交方面，临时撤销公共汽车体育西路南站（双向）、天河城总站，途经停靠的公共汽车 137 路、140 路、777 路、节假日专线 7 路等四条线路采取临时甩站措施。请广大市民留意，合理选择出行方式。

【相关知识】

一、城市轨道交通突发公共卫生事件应急处理原则

（1）以人为本，安全为重　生命安全是企业安全生产的红线和底线。在处理过程中，以不损害乘客和工作人员的安全和健康权益、以不牺牲人的生命健康为原则。城市轨道交通以安全为重，把保障乘客、城市轨道交通工作人员的生命安全和身体健康作为处理突发公共卫生事件应急工作的根本出发点，凡是可能造成大面积人员传染、伤亡的突发公共卫生事件，都要坚持"先人后物"原则，优先筛查受威胁人群，尽最大努力隔离传染病源，防止突发公共卫生事件扩散或造成更大影响。

（2）预防为主，做到早发现、早报告、早隔离、早治疗　对可能发生的城市轨道交通流行性传染疫情进行提前分析，加强忧患意识，认真践行"安全第一、质量至上、服务优良"的宗旨，制定突发公共卫生事件处理应急预案，健全"风险自辨自控与隐患自查自治"超前处理常态化安全管理，坚持源头风险防控，认真落实隐患排查、监管监控、应急处理等各项措施，切实开展科普宣教，从人、管、物、环四个维度，谋划本质安全，实现全员参与、持续改进，不断提升安全防范和控制能力，不断健全应急管理机制和安全监督机制。

（3）依法规范，有效应对　依据国家疾控卫生部门相关工作指导，科学防治，精准施策，使突发公共卫生事件的处理措施标准化、制度化和科学化。一旦遇到突发应急事故事件或险情灾情，要根据事件类型、特点、级别等因素启动应急预案，按照"正常运营-降级运营-紧急运营-停运"的梯度逐级抬升，维持最大限度运营服务，要做到快速反应、科学应对、有效应

对、妥善处理，尽可能地减少人身伤亡和财产损失，控制传染范围，降低影响。

二、城市轨道交通突发公共卫生事件（传染病疫情）的分级处理策略

1. 突发公共卫生事件（传染病疫情）分级处理策略

突发公共卫生事件（传染病疫情）分级处理策略见表6-3

表6-3　突发公共卫生事件（传染病疫情）分级处理策略

公共卫生事件等级	严重程度	分级处理策略
Ⅰ级	传染病疫情暴发时期	暂停城市轨道交通运营，切断流行性传染疫情传播途径
Ⅱ级	传染病疫情初期或过渡时期	调整运营时间、延长列车间隔，要求进站乘客全程佩戴口罩，启动体温监测，鼓励乘客在乘车时保持间距；科学引导乘客降低人群聚集密度，在各车厢之间临时增加"拉链式"隔离薄膜，在每个站台两侧安排相应的引导人员，确保最大车厢人数上座率控制在30%~50%，引导乘客分散进车厢、分散入座、隔位入座
Ⅲ级或Ⅳ级	传染病疫情拉锯时期或衰退时期	要求进站乘客全程佩戴口罩，启动体温监测，实现健康通行码准入机制，只允许显示绿码且体温监测正常的乘客进站乘车。最大车厢人数上座率控制在50%~70%，实现人流分散、站台不拥挤、车厢不满员的控制目的

2. 突发公共卫生事件（传染病疫情）处理策略升降级判断

突发公共卫生事件的等级会随着公共卫生事件的发展而不断变化。在不同阶段城市轨道交通企业应及时研判，采取不同的防控策略，尽量降低对整个城市交通运营的影响。

突发公共卫生事件（传染病疫情）处理策略升降级判断如图6-3。

三、城市轨道交通突发公共卫生事件的应急处理安排

针对可能发生的突发公共卫生事件，城市轨道交通应提前谋划，对事件的应急处理做出总体安排，成立相应应急处理机构并制定预案，针对公共卫生事件的特点和现场实际情况提前演练，具体如下：

1. 成立突发公共卫生事件防控机构

突发公共卫生事件防控领导小组由城市轨道交通企业主要负责人和运营部门组成，应下设督导检查组、运营生产组、后勤保障组、员工防护组、宣传培训组等多个组别，实行责任制，层层落实防控职责。从整体领导到具体实施、从生产一线到后勤保障、从集体预防到个人防护、从逐人逐岗落实防控工作到部门协调的全方位、多层次的公共卫生综合防控都由突发公共卫生事件防控领导小组整体协调实施，如图6-4所示。

安全技术部负责收集、整理应急处理工作记录等资料，组织相关部门对应急处理过程进行总结、评估，提出改进意见和建议，作为完善防控重大传染病疫情工作程序和修订应急预案的依据。

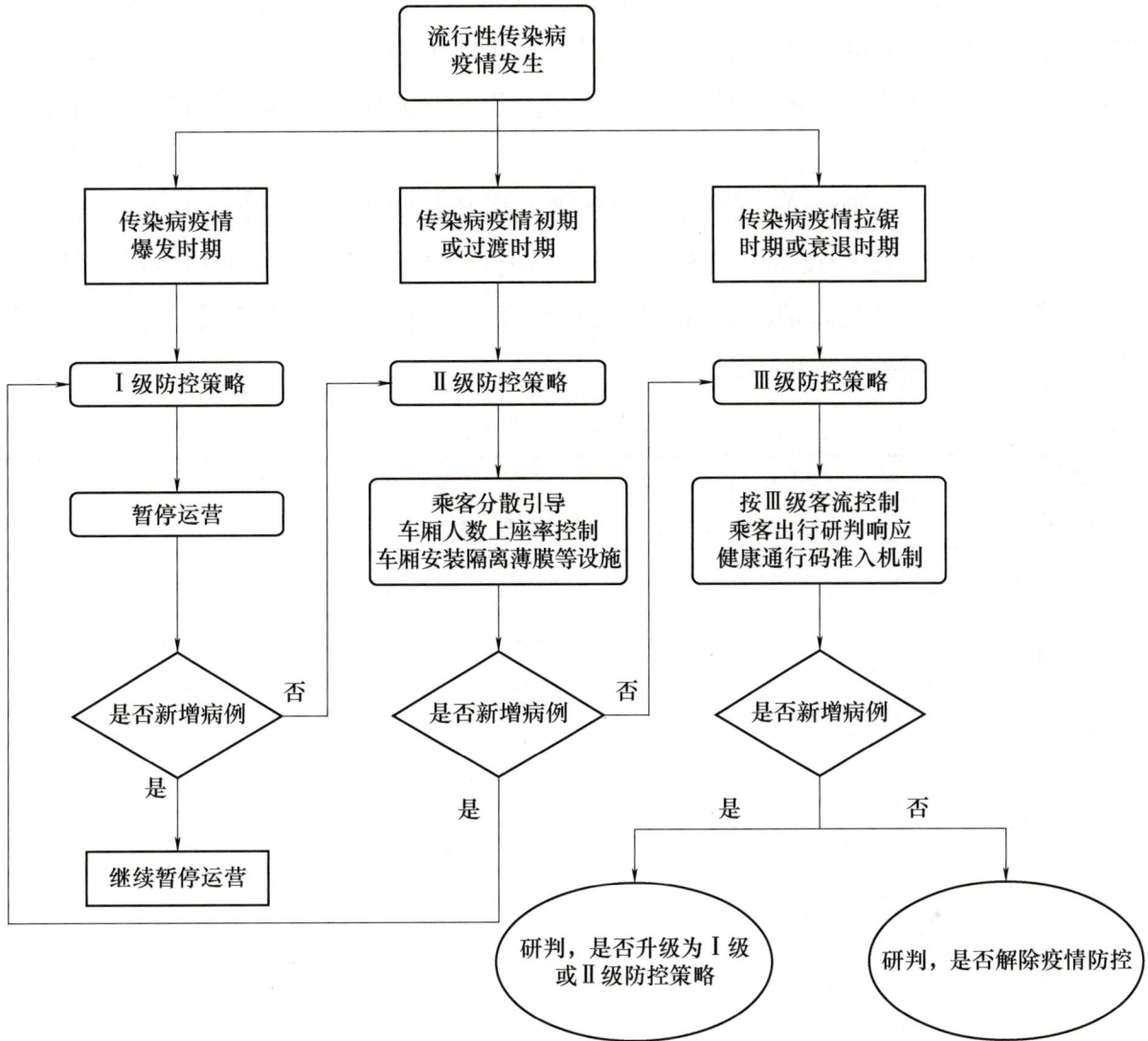

图6-3　突发公共卫生事件（传染病疫情）处理策略升降级判断

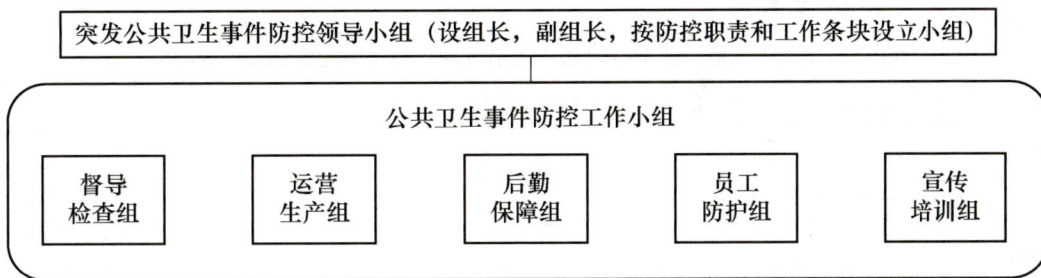

图6-4　突发公共卫生事件防控机构的组成

突发公共卫生事件防控各工作小组职责如下：

（1）督导检查组　一般由安全技术部负责人或其指定人员任组长，安全技术部门、综合管理部门具体负责。督导检查组负责收集、传递、落实上级部门防疫要求，制定总体防控措施，监督检查各部门具体工作的落实情况，保证运营生产安全。

（2）运营生产组　一般由车务中心及车辆中心负责人或其指定人员任组长，负责制定各项防控措施的现场工作标准、组织落实属地管理工作，车务中心、维修中心、车辆中心、通号中心具体负责，组织做好特殊时期的行车工作、设备维护保障工作，负责特殊情况下的工程抢修工作、信息保障工作。

（3）后勤保障组　一般由综合管理部门负责人或其指定人员任组长，后勤保障部、财务管理部、经营管理部、安全技术部具体负责。后勤保障组负责防控专项物资的采购、配备、发放和仓储管理工作，常见防护消杀用品见表 6-4。后勤保障组还负责所需资金的调配使用工作，负责法律事务及保险处置的管理工作。

表 6-4　常见防护消杀用品

物品类型	名称
体温检测用品	体温计（水银温度计/额温枪/红外体温探测器等）
个人防护用品	一次性医用口罩/医用外科口罩
	乳胶手套
	工作服
	长袖橡胶手套
	鞋套
	医用防护服
	N95 医用防护口罩
	护目镜
	隔离衣
	水鞋/一次性鞋套
	一次性帽子
	医疗垃圾袋和医疗垃圾桶
空气消毒用品	紫外线灯（移动式、悬挂式）或空气消毒机
	气溶胶喷雾器
	6%过氧化氢消毒液，或 15%过氧乙酸消毒液，或二氧化氯消毒液等
物表消毒用品	含氯消毒剂（含氯消毒粉、含氯泡腾片等）
	75%乙醇消毒液
	常量喷雾器
呕吐物、排泄物消毒用品	固体过氧乙酸呕吐应急处理包
手消毒用品	碘伏
	洗手液
	免洗洗手液（含酒精成分）

（4）员工防护组　一般由人力资源负责人或其指定人员任组长，人力资源部、综合管理部、车务中心具体负责。员工防护组制定特殊情况下的人员管理制度和要求，监督工作人员

做好个人防护，监控工作人员健康和出行情况，并负责统计上报等工作。

（5）宣传培训组　一般由企业总部党群工作部负责人或其指定人员任组长，党群工作部、经营管理部、人力资源部具体负责。宣传培训组负责收集防疫知识，进行内外部宣传培训，负责确定统一的对外信息发布口径，负责通过即时自媒体、外部媒体等渠道，组织对外信息公布，负责舆情监测、引导等工作。

2. 建立针对性强并经充分演练的应急预案

制定车辆及乘务中心疫情防控专项应急预案和现场处理方案，方案内容至少应涵盖员工感染应急处理，司机感染应急处理，乘客感染应急处理，确诊或疑似病例曾进入运营管理管理范围、出现疑似感染事件应急处理等各类情况，城市轨道交通企业应在突发公共卫生事件防控领导小组的组织下积极开展桌面演练、协同演练、全面演练，与卫生疾控部门、公安部门等进行联合演练。城市轨道交通应急预案示例如图6-5所示。

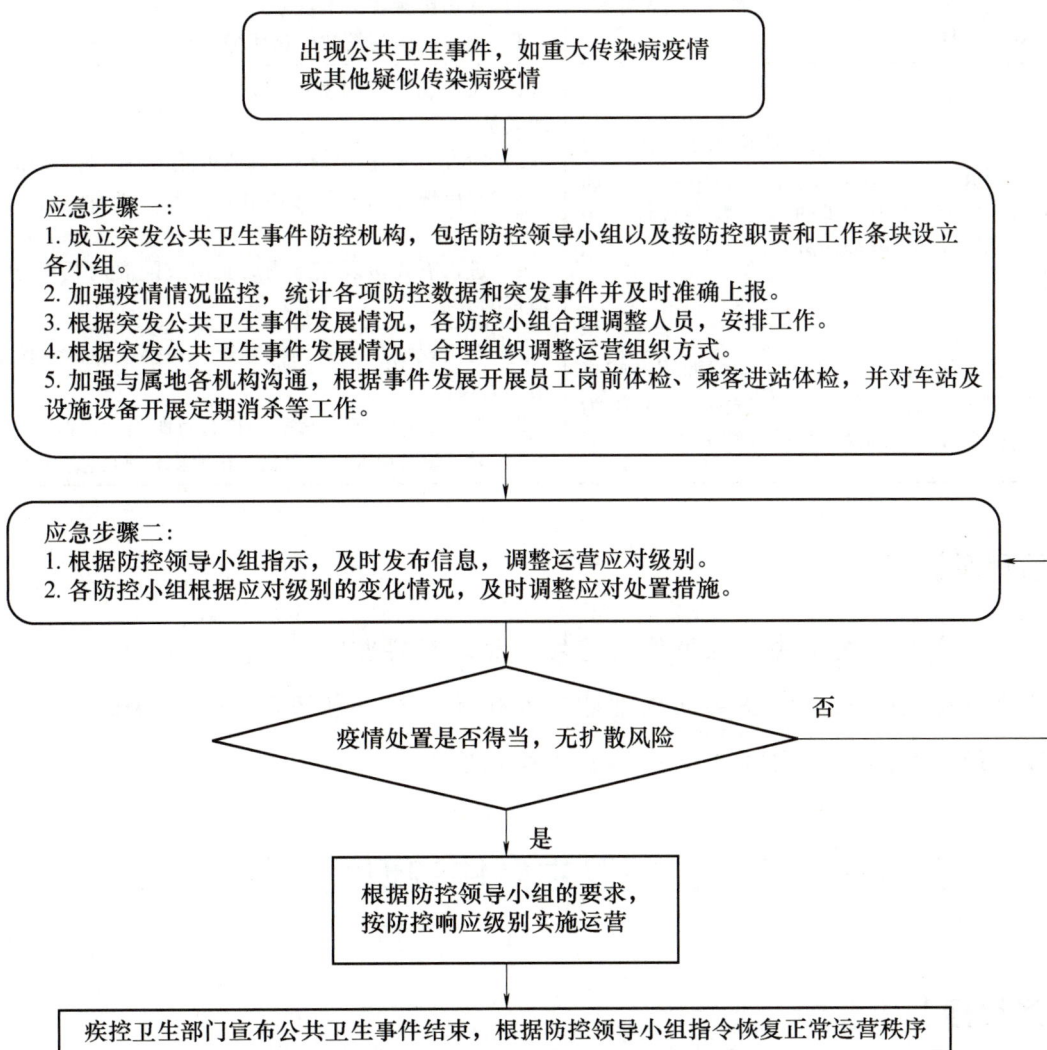

图 6-5　城市轨道交通应急预案示例

3. 建立响应迅速、信息通达的统计机制

由于城市轨道交通乘客数量庞大，乘客去向极为分散，从业人员众多，城市轨道交通企

117

业需建立灵敏并行之有效的防控响应机制，建立信息通畅、垂直到达的疫情上报统计机制，根据卫生疾控部门的要求，确保相关统计数据和突发事件及时准确上报。相关负责人与所在地的社区直接对接沟通，发现异常人员立即启动应急预案，采取紧急措施，在卫生疾控部门的指导下采取进一步措施。

4. 严格落实现场防控和执行个人防护

各实施部门应当注重员工的个人防护，采购充足的物资。个人在公共场所佩戴口罩，所有人员进出均需进行体温检测，在空气流通处设置隔离人员紧急观察点，对公共场所及设施设备进行定时消杀。防护等级、标准和适用人群见表6-5。

表 6-5 防护等级、标准和适用人群

防护等级	防护标准	适用人群
一级防护	穿工作服、戴一次性使用帽子、戴一次性使用外科口罩、穿一次性使用隔离衣、戴一次性使用手套	1）标本运送人员 2）密切接触者医学观察人员 3）预检分诊与发热门诊医务人员
二级防护	穿工作服、戴一次性使用帽子、医用防护口罩（N95及以上）、护目镜或防护面具、外罩一件医用防护服、戴一次性使用手套、穿一次性使用鞋套	1）对出现症状的密切接触者流调人员、观察或确诊病例流调人员 2）对疑似或确诊病例家庭或可能污染的场所的消毒人员 3）对出现症状的密切接触者、观察或确诊病人进行转运的医务人员和司机 4）进入隔离留观室、隔离病房或隔离病区进行诊疗、清洁消毒的人员
三级防护	在二级防护的基础上，加戴面罩，或将医用防护口罩、护目镜（防护面具）换为全面具或带电动送风过滤式呼吸器	1）对出现症状的密切接触者、观察或确诊病例进行样本采集的人员 2）对疑似病例或确诊病例进行近距离治疗操作的医务人员 3）处理患者血液、分泌物、排泄物和死亡患者尸体的工作人员

【课后测评】

1. 城市轨道交通突发公共卫生事件应急处理原则有哪些？

2. 城市轨道交通企业突发公共卫生事件防控领导小组一般设置哪几个小组？

3. 针对性强的应急预案内容至少应涵盖哪些内容？

任务三 突发公共卫生事件的现场防控与处理

【任务目标】

知识目标：

1. 掌握城市轨道交通突发公共卫生事件应急报告的相关要求。

2. 了解城市轨道交通突发公共卫生事件现场处置类型。

3. 掌握突发公共卫生事件结束的要求。

4. 在任务驱动下，完成实训工单。

能力目标：

1. 根据城市轨道交通突发公共卫生事件应急报告的要求与程序，及时向上级部门反馈。

2. 根据城市轨道交通突发公共卫生事件现场防控与处理的主要措施，掌握发现健康异常人员后进行分类处置的办法。

素质和德育目标：

严格执行突发公共卫生事件现场处理程序，提高疫情防控责任意识。

【案例引入】

据媒体报道，2020 年某日下午，福州地铁组织开展了疫情防控突发事件应急演练。以一列车发现一名乙类某传染病疑似患者为演练场景，演练现场如图 6-6 所示。

图 6-6　城市轨道交通应急演练现场

15 时整，地铁 2 号线司机通过设置在车厢内的对讲机，接到乘客张女士反映车厢内有乘客出现呕吐、干咳、呼吸困难等症状。经过简短对话，司机意识到事态的严重性，随即向控制中心报告。"报告，列车上发现一名乙类某传染病疑似人员，请求派员前往 2 号车厢。"接到报告后，2 号线控制中心立刻启动"突发公共卫生事件防控应急预案"。

"停车清客，下线回场，做好隔离消毒工作。"接到控制中心指令后，列车在水部站停车等待处置。很快，穿着防护服的地铁人员赶到，就近搭起临时观察间，将身体不适的乘客王小姐安置到观察间内，耐心安抚乘客，并再次进行体温监测，询问其有无重点地区旅居史、人员接触史等，同步将情况通过对讲机汇报至控制中心；同时，工作人员对同车厢的乘客进行身份信息登记，并关闭列车通风空调系统。此时的时间为 15 时 15 分。经过两次测温，王小姐的体温依然异常，值班站长马上将情况向鼓楼区水部街道应急指挥部上报。随后，工作人员将王小姐引导至出入口的隔离区，等待医护人员前来，到医院做进一步筛查。地铁工作人员在确认车站所有通风空调系统已关闭后，保洁人员全程对乘客行进路径进行消毒，并对车站开展全面消杀工作。通号中心同步确认车站、站厅的 PIS、LED 屏相关信息能正常发布。至此，演练顺利结束，整个演练过程在 20min 左右。据了解，福州地铁 2 号线第一时间成立突发公共卫生事件应急指挥机构，下设办公室于安全技术部，负责组织防控保障各项工作，明确各级职责，检查、指导和协调解决各部门防控实施工作中的重大事项，组织实施卫生突发事件处置工作。

📒 【相关知识】

一、城市轨道交通突发公共卫生事件应急报告要求

1. 报告阶段与内容

城市轨道交通突发公共卫生事件应急报告阶段与内容见表 6-6。

表 6-6　城市轨道交通突发公共卫生事件应急报告阶段与内容

阶段	内容
初次报告	首先报告事件名称、发生地点、发生时间、涉及人群或潜在的威胁和影响、报告联系单位人员及通信方式，尽可能报告事件的性质、范围、严重程度、可能原因、已采取的措施、病例发生和死亡的分布及可能发展趋势
阶段报告	报告事件的发展与变化、处理进程、事件的诊断和原因或可能因素；在阶段报告中既要报告新发生的情况，也要对初次报告的情况进行补充和修正
总结报告	突发公共卫生事件结束后，对事件的发生和处理情况进行总结，分析其原因和影响因素，并提出今后对类似事件的防范和处理建议

2. 报告原则与时限

（1）报告原则　初次报告要快，阶段报告要新，总结报告要全。

（2）报告时限　发现甲类传染病和乙类传染病中的肺炭疽、传染性非典型肺炎、脊髓灰质炎、人感染高致病性禽流感病人或疑似病人，或发现其他传染病、不明原因疾病暴发和突发公共卫生事件相关信息时，应按有关要求于 2 小时内报告。发现其他乙、丙类传染病病人、疑似病人和规定报告的传染病病原携带者，应于 24 小时内报告。

3. 报告程序

城市轨道交通突发公共卫生事件应急报告程序如图 6-7 所示。

二、现场防控与处理

1. 进站防控管理

1）根据车站客流大小合理安排引导进站人员，早、晚高峰时段人为控制进站速度，严控安检、购票等区域的排队密度。必要时采取分批次放行，在站外采取客流控制以降低站内人员密度，在站外排队以降低交叉感染的风险。

2）严控进站管理，严防病源输入，将输入风险化解于进站过程中。在城市轨道交通车站

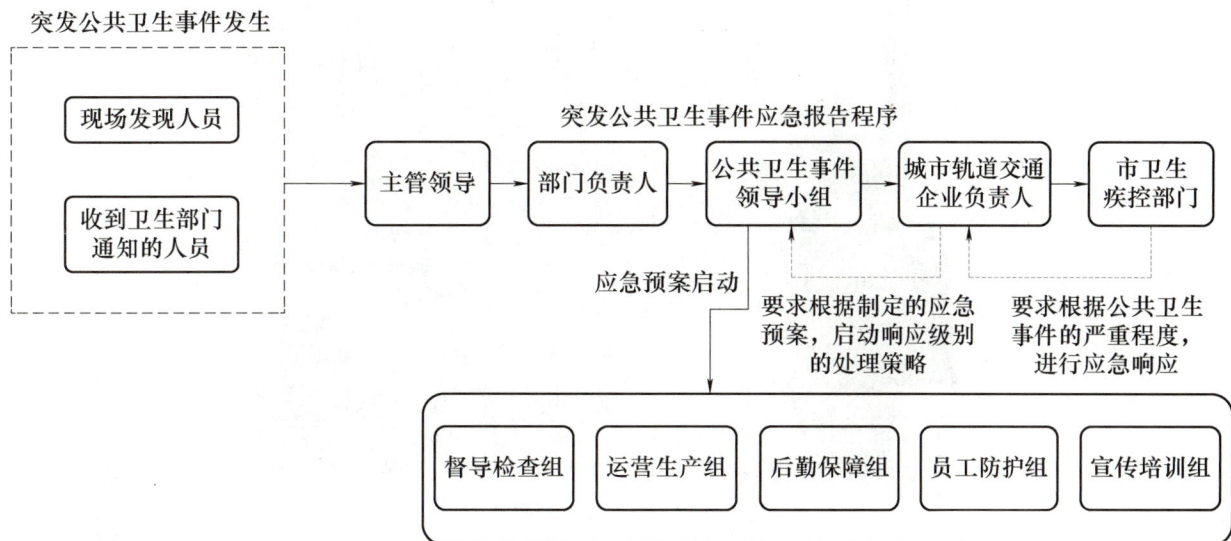

图6-7　城市轨道交通突发公共卫生事件应急报告程序

安检区域设立乘客体温监测点，配备红外线测温仪等快速体温监测装置和防护设备，对所有乘客进行体温监测，同时督促乘客佩戴口罩，如图6-8所示。

图6-8　设立乘客体温监测点，对所有乘客进行体温监测

3）采取实名制乘车、强制扫码实名制乘车等措施，以手机移动端作为载体，积极推行基于二维码的城市轨道交通实名制乘车机制，如图6-9所示。对乘客出行路径进行数字化、信息化管理，利于当地卫生防疫部门精准追踪疫情，一旦出现疑似病患，可通过出行信息追溯行程，并及时提示同行乘客，做好源头控制和可追溯管理。

4）在城市轨道交通车站合适位置设置临时隔离区，如图6-10所示，在体温监测过程中如发现发热乘客，立即将其转移至车站临时隔离区候诊。车站工作人员电话报告120等相关救护单位现场情况，由卫生防疫部门组织医务人员转运发热乘客。

2. 现场发现健康异常人员的处置

（1）车站出入口发现健康异常人员

图 6-9　扫码实名制乘车

图 6-10　车站设置临时隔离区

1）发现健康异常人员后，车站工作人员在做好个人防护的前提下，立即安排健康异常人员在出入口隔离区隔离，安排与其产生密切接触的员工消毒后在临时隔离室隔离，避免交叉感染，对周边可能有密切接触的乘客进行信息登记。

2）车站拨打 120 或联系属地社区卫生服务中心转运事宜，同时通知本部门相关负责人。部门相关负责人通知卫生疾控部门及公共卫生事件领导小组，同时协调其他人员准备接替密切接触员工，等候期间车站应做好该区域的人员控制。

3）暂时关闭该出入口，封锁出入口区域及该区域部分站厅。

4）车站安排专人对接医疗单位。医疗单位到达后，车站配合其将健康异常人员带离。车站组织对有接触的员工、安检人员及公安人员进行全身消毒，并根据医疗单位要求安排相关人员居家隔离或继续在车站隔离。

5）根据卫生疾控部门要求，由卫生疾控部门或由其指导车站部门对相关区域消毒（见图 6-11）。

6）消毒完成后，经卫生疾控部门评估，替岗人员进驻，出入口开启。

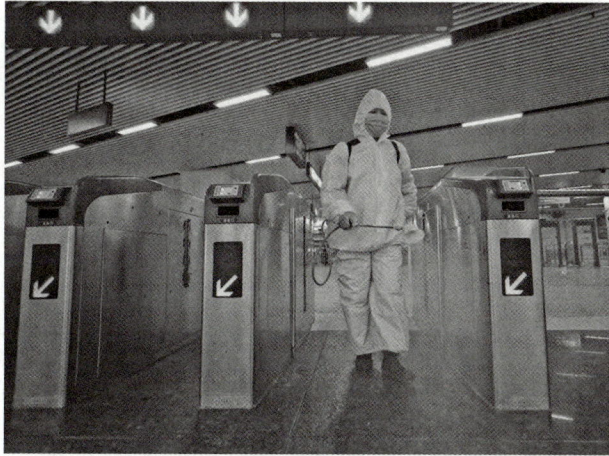

图 6-11　对相关区域进行消毒

7）客运中心对就医人员的情况进行追踪：如排除疑似疫情，则暂时被隔离人员可恢复上岗；如确诊疫情，应按照医疗单位的要求对暂时隔离人员进行检测或继续隔离，检测合格或通过隔离期无异常后，经卫生疾控部门评估，暂时隔离人员方可上岗。自行居家隔离观察的人员，隔离期内不得离开居所，并确保每天对房间消毒。

（2）车站内出现传染疾病疑似人员

1）车站内乘客出现传染疾病典型症状，或发现车站工作人员 24 小时内出现 3 人及以上集中发热情况，属地人员在做好个人防护的前提下，立即安排健康异常人员在站内隔离区进行隔离，安排与其产生密切接触的员工进行隔离、消毒（应安排健康异常人员与其他人员分开隔离，避免交叉感染），对周边可能出现密切接触的乘客进行信息登记。

2）车站拨打 120 或联系属地卫生服务中心，通知本部门相关负责人及控制中心。部门相关负责人通知卫生疾控部门及突发公共卫生事件防控领导小组，同时协调其他人员准备接替被隔离员工，等候期间属地应做好该区域人员控制。

3）车站采取关站等措施，例如控制中心安排列车在站跳停、车站只出不进，车站安排站内乘客疏散。

4）车站安排专人对接医疗单位。医疗单位到达后车站配合其将健康异常人员带离，车站组织对有接触的员工、安检人员及公安人员进行全身消毒，如图 6-12 所示，并根据医疗单位要求安排相关人员居家隔离或继续在车站隔离。

5）根据卫生疾控部门要求，由卫生疾控部门或指导车站部门对相关区域进行消毒（见表 6-7）。

表 6-7　车站相关区域消毒频次参考表

车站区域	高风险地区	中风险地区	低风险地区
车站安检设备、自助售票设备、自助检票设备	1 次/小时	4 次/小时	早晚各 1 次

（续）

车站区域	高风险地区	中风险地区	低风险地区
楼梯扶手、电扶梯扶手、公共卫生间门把手、直梯轿厢四壁	4 次/小时	6 次/小时	早晚各 1 次
车站出入口、站台、站厅、公共卫生间等	4 次/小时	6 次/小时	早晚各 1 次
重复使用的票卡	1 次/每日	1 次/三日	1 次/每周
空调滤网消毒频次	1 次/3~5 日	1 次/5~7 日	1 次/7~10 日
卫生间洗手液	常规配备		

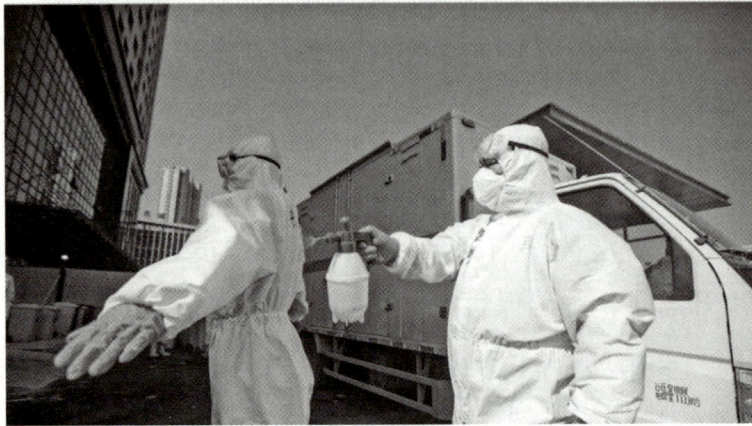

图 6-12　对接触过健康异常人员的工作人员进行全身消毒

6）消毒完成后，替岗人员进驻，经卫生疾控部门评估后，车站恢复运营。

7）客运中心对就医人员的情况进行追踪。如排除疑似疫情，则暂时被隔离人员可恢复上岗；如确诊疫情，应按照医疗单位的要求对暂时隔离人员进行检测或继续进行隔离，检测合格或通过隔离期无异常后，暂时隔离人员方可上岗。自行居家隔离观察的人员，隔离期内不得离开居所，并确保每天对房间进行消毒。

（3）车厢内乘客出现传染疾病疑似人员

1）如司机发现车内乘客出现疑似症状，通知控制中心及行车值班员，行车值班员上报客运中心相关负责人，相关负责人向卫生疾控部门报告。

2）控制中心拨打 120 进行初报，令其与前方车站联系，同时通知前方车站事件情况，令其做好清客准备。

3）列车在车站进行清客，车站安排健康异常人员在站内隔离区进行隔离，并对健康异常人员所在车厢内的乘客进行登记。清客完成后列车排空运行至终点站，沿途各站跳停。

4）车站安排专人对接医疗单位，医疗单位到达后车站配合其进行人员带离。

5）列车到达终点站，终点站对相应车厢进行消毒，完成后恢复运营。此外，还应根据医疗单位要求，对其他相关区域进行消毒，如图 6-13 所示。

图 6-13　对车站相关区域进行消毒

3. 因突发公共卫生事件造成人员短缺、运营场所不能使用等情况的处理

1）主责部门原则上应组织其他相关部门进行会商，拟定降级运营方案，由主责部门上报总指挥，应急指挥部上报上级部门进行逐级审批，获得批准后组织相关部门实施。

2）出现此类状况时应采取应急措施尽可能维持现有运营秩序，例如人员不足时协调备班人员替岗、设备控制权转移、启动备用办公场所等。

3）可根据受影响情况采取关口、关站、列车清客下线、调整运营交路、部分线路停止运营等降级方案进行组织。

三、突发公共卫生事件结束

在城市轨道交通运营范围内，已隔离人员得到有效治疗，疑似或确诊人员所经过的场所已经过杀毒灭菌，且未发生新增疑似病例及确诊病例，上级部门宣布疫情防控应急响应结束时，由应急指挥部总指挥宣布本次突发公共卫生事件应急响应结束。

1）应急响应结束后，按照把损失和影响降到最低程度的原则，及时做好运营生产恢复工作。

2）物资保障组负责将本次应急处理消耗物资进行统计登记，及时补充消耗物资，确保物资储备充足。

3）安全技术部负责收集、整理应急处理工作记录等资料，组织相关部门对应急处理过程进行总结、评估，提出改进意见和建议，作为完善防控重大传染病疫情工作程序和修订应急预案的依据。

城市轨道交通企业在遭遇突发公共卫生疫情事件时，应树立危机意识，加强检测预警，强化信息沟通，建立多元化群防群控机制，在科学消毒通风、加强员工防护、做好宣传引导的前提下，实施三级疫情防控策略，实现精准防疫，科学防疫。

【课后测评】

1. 城市轨道交通突发公共卫生事件应急报告阶段与内容有哪些？

2. 突发公共卫生事件发生时城市轨道交通车站进站防控管理要点有哪些？

3. 突发公共卫生事件结束后城市轨道交通企业还需要做好哪些工作？

附录 某市地铁有限公司突发事件应急处理程序

1 前言

为规范我司对突发事件的处理程序，做到对突发事件的处理有序、可控、迅速、及时，尽量缩小事故事件的影响范围，根据我市及总公司有关文件的要求，结合我司的实际，特编制本程序。

2 范围

本程序对在我市地铁有限公司管辖范围内，发生突发事件时的应急准备和响应、信息报告程序、指挥系统、抢险组织、现场处理、生产组织、乘客疏散、设备保障、后勤保障、采访接待、事件调查等工作做了规定。并对有限公司各专业的突发事件应急预案进行了规范。

本程序适用于×市地铁有限公司生产过程中发生的突发事件。

3 引用法律法规及文件

下列法律法规及文件所包含的条文，通过在本程序中被引用而构成本程序的条文。本程序公布时，所示版本均为有效。由于所有法律法规及文件都会被修订，因此使用本程序的各方应探讨使用下列法律法规及文件最新版本的可能性。

《中华人民共和国安全生产法》

《中华人民共和国突发事件应对法》

《中华人民共和国消防法》

《×省安全生产条例》

《×市地铁生产安全事故（事件）调查处理暂行规定》

《×市地下铁道特大事故和突发事件应急救援预案》

《×市地下铁道特大事故和突发事件现场抢险救援联动预案》

《×市地铁有限公司事故（事件）调查处理规则》

《×市地铁有限公司安全管理办法》

《行车组织规则》（GDY/QW-JG-XC-01）

《×市地铁有限公司应急信息报告程序》

《地铁外部人员伤亡事故管理规则》

4　定义

4.1　突发事件

突发事件是指我市地铁有限公司管辖范围内突然发生，造成或者可能造成员工人身、地铁财产、地铁形象受损，或乘客财产、健康严重损害，环境严重污染的事件。突发事件分为特别重大、重大、较大和一般四级。

4.2　地外伤亡事故

在地铁运营服务场所，由于在地铁运营过程中发生列车撞轧人员、与其他车辆碰撞等情况，或由于其他原因招致地铁外部人员伤残死亡，列为地铁外部人员伤亡事故（以下简称地外伤亡事故）。

4.3　群死群伤

在地铁运营生产中，无论何种原因造成三人死亡或死亡重伤五人以上均视为群死群伤。

4.4　应急准备和响应

应急准备和响应是指出现紧急情况（火灾、爆炸、危险化学品的泄漏、传染病、安全监控失控等）而导致可能对职业健康安全产生重大影响时，为减少或消除影响、避免影响扩大化而采取措施。

4.5　四不放过

四不放过即事故原因分析不清不放过，责任者和群众未受到教育不放过，没有采取切实可行的防范措施不放过，事故责任者没有受到严肃处理不放过。

5　总则

5.1　各中心、总部、职能部门处理突发事件须牢固树立"安全第一"的思想，遵循预防为主、常备不懈的方针，抢险组织工作要贯彻"高度集中，统一指挥，逐级负责，先通后复"的原则，确保抢险救援工作反应及时、措施果断、有序、可控、快速、及时，减少事故影响，尽快恢复生产。

5.2　突发事件处理要力争做到早发现、早报告、早开通、早修复，减少损失和影响，防止事件扩散。

5.3　各中心、总部、职能部门积极合理地调动人力物力投入抢险，尽快开通线路，恢复运营。

5.4　发生突发事件时，地铁员工应迅速准确地报告事故情况，确保信息渠道畅通。

5.5　各中心、总部、职能部门员工均应采取有效措施控制事态、减少损失，防止事件的扩大。

5.6　各中心、总部、职能部门要定期组织开展突发事件应急处理相关研讨和演练，建立突发事件应急预报、现场处置、监督监测等有关物资、设备、设施和技术的储备。

5.7　突发事件应急处理应当根据突发事件应急处理预案和应急事件的变化和实施中发现的问题及时进行调整。

5.8　各中心、总部、职能部门要在技术进步和经验积累的基础上不断提高应急处理能力，不断补充和完善应急预案。

5.9　各中心、总部、职能部门和各级员工应当严格遵守技术管理、安全管理、设备管理的有关规定，提高设备的质量、加强安全监控力度，防范突发事件的发生。

5.10　各中心、总部、职能部门应当加强员工安全教育，开展突发事件应急知识和能力的培训，增强员工对突发事件的防范意识和应对能力。

5.11　加强安全网络的建设，配备相应的器材、技术、设备和人员，提高应对各类突发事件的救治能力。

5.12　任何中心、总部、职能部门和个人对突发事件，不得迟报、缓报、瞒报、漏报或者授意他人迟报、缓报、瞒报、漏报。有关部门未按规定履行报告职责，对突发事件迟报、缓报、瞒报、漏报或者授意他人迟报、缓报、瞒报、漏报的，对主要领导人及其主要责任人，给予降级或者撤职的行政处分；造成严重影响和严重后果构成犯罪的，依法追究刑事责任。

5.13　安全技术部接到报告的同时，应当立即组织力量对报告事项做调查核实。

5.14　根据突发事件应急处理的需要，突发事件应急处理指挥部有权紧急调集人员、储备的物资、交通工具以及相关设施、设备；必要时，对人员进行疏散或者隔离，并可以对相关区域实行封锁。

5.15　贯彻抢险与生产统筹兼顾的工作方针，在积极稳妥处理事故的同时，按照《行车组织规则》的相关规定，最大限度地维持地铁运营。

5.16　各中心、总部、职能部门要根据本程序的原则，完善相关各专业的抢险预案。

5.17　设备相关专业要成立事故救援抢险队，每年必须对有关人员进行救援抢险技术和知识的培训，每半年进行一次救援演习，不断提高有关人员技术素质。各级安全监察负责业务检查和督促。

5.18　救援抢险设备、工具、备品按照相关要求设置、配齐，并确保状态良好。

5.19　相关中心、总部、职能部门接到控制中心关于发生突发事件的报告后，事故救援抢险队须在 10min 内出动赶往事故现场。

6　突发事件的分类及分级

突发事件分为 4 类：自然灾害、事故灾难、公共卫生事件和社会安全事件。

突发事件分为 4 级：特别重大、重大、较大和一般。

7　应急信息报告

发生各类突发事件时，根据时间、地点、事态严重程度，分别按《×市地铁有限公司应急信息报告程序》规定执行相关报告程序。

8　应急指挥和应急处理系统的构成及其职责

8.1　特别重大级、重大级、较大级、一般级（一般事故）突发事件发生后，以下指挥机构自然成立：抢险领导小组、现场指挥小组。

8.1.1 抢险领导小组的组成

组长：有限公司总经理。

组员：有限公司党委书记、副总经理、总工程师、地铁公安分局领导；各相关中心、总部，职能部门相关中心、总部的部门领导；有限公司新闻发言人。

8.1.2 抢险领导小组的职责

负责抢险救援的组织、指挥、决策，指挥各中心、总部、职能部门和外援单位抢险救援。

8.1.3 现场指挥小组的组成

现场总指挥：由相关中心、总部安全领导小组成员担任（现场总指挥未到达前，车站由值班站长、车辆段由车厂调度员、区间由司机担任，当值班站长到达后即由其担任），其他相关中心领导担任现场指挥小组副总指挥。

组员：由现场总指挥指定各相关专业负责人。

8.1.4 现场指挥小组的职责

加强与领导小组的联系，及时反映现场情况，正确执行领导小组的决策。

现场总指挥有权调动有限公司资源开展救援抢险工作。

在抢险封锁范围内各部门、各专业负责人及各专业抢险队要服从现场总指挥的指挥。

协调各部门进行救援抢险工作。

负责指挥救援抢险队的救援抢险工作。

负责现场技术支持及信息的沟通与传递。

采取各种措施，控制事态发展，减少人员伤亡和财产损失。

尽快恢复生产和运营服务。

8.2 一般级突发事件（险性事件及一般事件）发生后，以下指挥机构自然成立：现场指挥小组。

8.2.1 现场指挥小组的组成

现场总指挥：由相关中心、总部安全领导小组成员担任（现场总指挥未到达前，车站由值班站长、车辆段由车厂调度员、区间由司机担任，当值班站长到达后即由其担任），其他相关中心、总部领导担任现场指挥小组副总指挥。

组员：由现场总指挥指定各相关专业负责人。

8.2.2 现场指挥小组的职责

加强与领导小组的联系，及时反映现场情况，正确执行领导小组的决策。

现场总指挥有权调动有限公司资源开展救援抢险工作。

在抢险封锁范围内各部门、各专业调度、各专业负责人及各专业抢险队要服从现场总指挥的指挥，各专业调度要为现场抢险提供条件。

协调各中心、总部进行救援抢险工作。

负责指挥救援抢险队的救援抢险工作。

负责现场技术支持及信息的沟通与传递。

采取各种措施，控制事态发展，减少人员伤亡和财产损失。

尽快恢复生产和运营服务。

8.2.3　一般级突发事件（事件苗头）发生后，由相关中心、总部负责救援抢险工作。

8.2.4　在抢险组织过程中，控制中心值班主任助理可根据现场实际情况按照抢险指挥组织自然产生的相关原则，指定现场事故（事件）处理主任和抢险指挥，事故（事件）处理主任和抢险指挥要及时汇报设备抢修情况。各中心、总部相关专业主任、经理到达现场后，须第一时间向控制中心值班主任助理报告，避免因现场抢险处理和指挥人员到达情况不明，延误抢险工作正常开展。

8.3　各部门应急处理工作职责分工

8.3.1　安全技术部负责牵头建立健全有限公司应急体系（包括规章、总体/综合预案），督促各单位的应急体系建设。

8.3.2　生产调控部负责非常态下的应急处置，线网间应急突发事件的处置、协调资源调配和监督；负责应急信息收集、信息发布，企信通信息管理，根据集团公司信息报送的相关规定编制应急信息快报，报集团公司相关部门。

8.3.3　有限公司办公室负责职责范围内保卫综治、交通情况的信息收集，向有限公司领导和集团公司安全监察部、办公室报告，协助公安人员现场勘查、取证、破案，并按有限公司领导的指令，组织护卫抢险救灾队执行应急抢险任务；负责事故处理的生活、用车等后勤保障工作。

8.3.4　有限公司党群工作部与集团公司党群工作部联系，归口接待来站人员和对外发布信息，慰问受伤人员，处理善后工作。

8.3.5　车务中心负责职责范围内的报告、现场报告、行车组织、客运组织等初期和恢复运营工作。

8.3.6　维修中心和通号中心负责职责范围内防排烟系统的技术保障，抢修损坏的线路、信号和供电设施等工作，尽快恢复运行。

8.3.7　车辆中心负责职责范围内列车救援和列车抢修等应急救援工作。

8.3.8　房产事业总部、资源经营事业总部负责本总部管辖范围内的抢险救灾工作。

8.3.9　所有中心、总部、职能部门都应配合救灾工作。

9　应急准备和响应流程

9.1　应急准备

9.1.1　根据有限公司潜在的重大职业健康安全风险确定危险区域或潜在紧急状态发生点。在这些区域做出醒目的标识并配上必要的警示语，如"防止明火""轻拿轻放""小心触电""操作天车应戴安全帽"等。同时安全技术部应督促相关部门在这些地点安装必要的应急设备，如报警、自动喷淋、灭火器、消防面罩等消防、防护设备。

9.1.2 为相关岗位配备完善的个人防护用品，如手套、口罩、绝缘鞋、防护眼镜、防毒面具、安全带，并训练员工熟练使用。

9.1.3 对有限公司范围内可能发生的各种紧急状态，如行车、设备、工伤、环境污染等事件，生产调控部负责组织各相关部门编制应急预案和年度演练计划，各中心、总部、职能部门根据年度演练计划制定相应的演练程序和按年度计划实施演练，及时总结经验，并根据演练中发现的问题对相关文件进行必要的修改。应将相关应急程序制成看板并定置于有关地点。

9.1.4 生产调控部组织对应急预案、年度演练计划和演练程序进行评审，根据评审结果对应急预案、年度演练计划和演练程序做必要的修订。

9.1.5 各中心、总部、职能部门组织对消防器材和设施进行定点标识和定期检查，规定用于抢修的应急工器具、器材存放在合适的地点并进行合理的维护和保养，确保应急设备设施处于完好状态。安全技术部负责指导监督。

9.1.6 安全技术部组织有关部门按期进行安全大检查，以减少事故隐患。检查的重点是特种作业、特种设备、特殊场所等。

9.2 应急响应流程

9.2.1 突发事件发生时，各中心、总部、职能部门根据《×市地铁有限公司应急信息报告程序》要求执行相关的应急信息的通告和处理程序，要迅速准确地报告事故情况和及时采取紧急处理措施，如切断电源、关闭设备，必要时暂停运营和进行紧急疏散等。

9.2.2 抢险领导小组成员接到报告后应以最快的速度赶到现场，指挥突发事件的救灾工作。所有部门和人员都应密切配合，服从指挥和调动。

9.2.3 各中心、总部、职能部门处理突发事件须牢固树立"安全第一"的思想，抢险组织工作要贯彻"高度集中，统一指挥，逐级负责"的原则，以保证抢险救援工作安全有序、减少事故影响、尽快恢复生产。

9.2.4 突发事件的救灾工作应将防止和降低人身伤害放在首位。应迅速将受伤人员送医院或通知医院赶赴现场进行紧急救护。

9.2.5 如突发事件影响了正常的生产和运营服务时，则应按照"先通后复"的原则，尽快开通线路，恢复运营。

9.2.6 如车站发生火灾、毒气、爆炸等需要进行紧急疏散的事件，车务中心应及时启动相关紧急疏散模式，并立即执行紧急疏散流程，尽可能快地引导乘客疏离车站。

9.3 现场的调查和处理、纠正和完善

9.3.1 突发事件发生后，安全技术部应组织有关部门和人员按照规定的调查原则进行调查（重伤、死亡事故，应由管理者代表组织调查），查明事故的原因、性质、经过、伤亡、经济损失等情况。调查的结论填入"事故调查与处理报告"中。

9.3.2 在事故调查的基础上，提出处理意见和防范措施建议。对事故责任人要做出行政或经济的处罚决定，必要时依法追究刑事责任。事故处理必须遵守"四不放过"的原则。

9.3.3　安全技术部依据"事故调查与处理报告"向有关单位发出"整改通知书"，并按不符合、预防及纠正措施控制程序的要求对纠正及预防措施的实施效果进行监督验证。

9.3.4　在事故调查处理的同时，安全技术部组织对本程序进行评审，根据评审结果对本程序做必要的修订，使其不断完善。

9.3.5　当有限公司增加行车设备，有毒、有害化学品、高压容器、消防等设备设施时，则需针对这些设备设施潜在的行车、泄漏、爆炸、火灾等事故隐患，及时更新本程序，增加相应的内容。

10　抢险组织

10.1　抢险组织的原则

现场有乘客时，应采取各种措施，稳定乘客情绪、维持秩序，尽力保证乘客安全。

及时判明现场情况，及时报告。

控制事态、减少影响，积极动员和组织一切力量进行抢险。

10.2　在现场总指挥到达之前，若事故发生在区间，由司机负责；根据需要，行车调度员可安排事故区间邻近车站值班站长（或站长）到达事故现场后，由该值班站长（或站长）负责；若事故发生在车站或车厂，由值班站长（或站长）、车厂调度员负责。现场总指挥到达后由现场总指挥接管，并组织开展工作。

10.3　控制中心的组织

控制中心值班主任根据现场情况启动相应预案。

采取各种措施，控制事态发展，减少人员伤亡和财产损失。

加强与现场指挥的联系，负责信息的收集和传递。

立即报告本中心和生产调控部经理，现场情况一时无法判明时，也应将所了解的情况先行报告，详细了解后再续报；根据现场需要，按照本中心事故抢险预案迅速组织人力、物力赶赴现场。通知相关中心派出抢险队，同时通知地铁公安分局指挥室派出人员赶赴现场。

根据现场情况，筹集并运送抢险物资。

掌握全公司生产动态，努力保证其他工作的正常进行。

按照《行车组织规则》的规定尽量组织其他区段列车的运营。

10.4　车厂控制中心的组织

接到事故报告后，采取有效措施，控制事态发展，减少损失。

立即报告控制中心及本中心领导，现场情况一时无法判明时，也应将所了解的情况先行报告，详细了解后再续报；根据现场需要，按照本中心事故抢险预案迅速组织人力、物力赶赴现场。

根据现场情况，筹集并运送抢险物资。

10.5　领导小组工作的开展

抢险领导小组中突发事件涉及的主要设备部门或有限公司指挥负责人中有到达者，领导小组即开始组织指挥工作。领导小组成员按照组内临时分工开展工作。按照《行车组织规则》的相关规定开展现场指挥、处理工作。

10.6　现场作业纪律

10.6.1　抢险方案确定前，各抢险队到达现场后要在指定位置待命，抢险队负责人尽快掌握现场，并领受任务。

10.6.2　公安人员、护卫队员及车站员工负责维护现场秩序，组织无关人员离开事故现场。

10.6.3　抢险领导小组成员不得远离现场指挥部。

10.6.4　抢险救援工作方案的实施由专业抢险队伍负责，救援组织由抢险队负责人负责，其他人不得向正在进行救援的人员下达命令。

10.6.5　实施方案的变更，须经抢险领导小组批准。一般级突发事件（险性事件以下）由现场指挥小组批准。

11　现场处理原则

11.1　现场指挥小组总指挥到达事故现场后应了解事件的现场情况，迅速查看事故现场，确定影响范围，根据预案的规定，开展抢险救援工作。在不能即时恢复正常生产和运营时，由相关专业负责人立即对现场情况进行评估，迅速向控制中心提出行车限制要求（包括是否停止运营、限制速度、驾驶模式及安全注意事项等）。

11.2　如发生的事件在预案之外，由现场总指挥根据现场情况组织、制定抢险方案并实施。如发生一般事故以上的需提交领导小组批准后实施，如遇火灾等紧急情况在实施的同时要上报领导小组。

11.3　救援抢险工作结束后，应及时将现场情况汇报给领导小组，并将现场指挥权上交控制中心。

12　运营组织原则

12.1　控制中心值班主任应与现场指挥加强联系，随时了解现场情况，组织具备运行条件的区段维持运营。

12.2　行调应尽快了解现场情况并迅速上报，现场情况一时无法判明时，也应将所能了解到的情况先行报告，详细了解后再行续报；根据现场情况，正确、及时地发布抢险救援命令；协助现场处理有关事宜；其他区段具备开通条件时，应组织列车分段运行。

12.3　电调应尽快了解现场情况并迅速上报，现场情况一时无法判明时，也应将了解的情况先行报告，详细了解后再行续报；根据现场情况，正确、及时地发布停、送电命令；协助现场处理有关事宜；保证其他具备供电条件区段的正常供电。

12.4　环调应尽快了解现场情况并迅速上报，现场情况一时无法判明时，也应将了解的情况先行报告，详细了解后再行续报；根据现场情况，正确、及时地发布通风系统运行方式等相关命令；协助现场处理有关事宜；监控 BAS、EMCS 系统运作情况。

12.5　车站应与控制中心加强联系，及时执行行调命令，组织本站人员做好本站客运组织、票务组织和乘客服务，利用广播加强宣传，稳定乘客情绪。

12.6　封闭的车站或事故现场，除有关救援人员外，其他人员一律不得进入。

12.7　地铁公安人员要维护车站秩序，保护事故现场，并对事故进行必要的调查取证。要密切注意可疑动态，严防不法分子乘机破坏和捣乱。

12.8　在车站或现场的地铁员工，要服从现场指挥人员的统一指挥，并积极协助，尽一切能力参与抢险救援工作。

13　乘客疏散原则

13.1　因发生各类突发事件，需要疏散乘客时，列车司机、站务人员以及有限公司范围内的驻站人员、公安干警等相关人员应在车站站长（或值班站长）的统一指挥下，密切配合、协调动作，根据调度命令进行疏散乘客作业。

13.2　疏散乘客时，车站应加强广播，做好乘客引导工作。

13.3　车站根据现场实际情况必要时张贴宣传告示。

13.4　在区间疏散乘客时，行调应扣停后续列车及区间邻线列车。

14　设备保障

14.1　照明保障

14.1.1　当列车在隧道内发生故障或其他设备出现故障，必须在现场抢修时，车辆中心或维修中心必须立即准备好专用电源、抢修灯及其他抢修工具、备品，立即携带抢险用品、用具进入现场。了解需要特殊照明的重点位置后，迅速从最近的隧道电源箱接取电源，提供现场照明网。

14.1.2　抢修作业完成后，及时拆除临时照明，并检查其他机电设备，确认无行车的隐患后，撤离现场。

14.2　通风保障

14.2.1　列车、设备发生故障需现场抢修时，环调值班员应开启通风机按相应的通风制式尽快送风。

14.2.2　车站、隧道内发生毒气突发事件时，环调值班员应立即根据以下情况组织车站通风设备：

1）在车站发生时，环调值班员应立即关闭该站通风及相邻车站排风，保持车站处于正压状态，防止毒气扩散。

2）在隧道内发生时，环调值班员应立即关闭相邻车站排风，保持车站处于正压状态，防止毒气向车站扩散。

3）现场情况确认后，现场抢险总指挥下达排风命令，环调值班员起动主风机进行排毒。

14.2.3　火灾发生时，通风设备要根据火灾的位置、乘客的疏散方向和灭火进攻的方向，适时确定某通风排烟机起动。原则是：

1）行车隧道或列车在隧道内失火时，应向起火点迎着疏散人员送风。

2）火情不明时严禁盲目起动风机，以免扩大火势。

3）经确认明火扑灭并没有复燃可能时，应立即在近起火点处起动风机排烟、远起火点处风机送风，防止烟气扩散。

4）无论送风还是排风都会起到助燃作用，使用不当会使火灾损失扩大。指挥人员必须根据起火的具体情况，不拘泥于上述原则，以尽快疏散人员、减少火灾损失为准，确定送风排烟方式。

14.3　通信保障

14.3.1　当接到现场指挥小组（或控制中心）为事故现场提供通信设备的通知后，通号中心应立即组织有关人员携工具、材料、备品、备件赶赴事故现场。

14.3.2　提供无线电对讲机，使用专用救援抢险频道，供有限公司抢险领导小组与现场指挥小组联系使用。

14.3.3　事故处理完毕后，拆除临时电话及线路，恢复现场设备原有运行状态，并整理清点收回抢修现场使用的临时通信设备，妥善保管，以备再次使用。

15　后勤保障

15.1　紧急付款

当发生突发事件需紧急付款时，经抢险领导小组组长同意后，由财务部按有关财务规定操作。

15.2　抢险员工路面交通的接送由有限公司办公室或相关部门根据实际情况确定汽车行驶路线并派出汽车。

16　采访接待

按集团公司新闻管理相关办法执行。

17　事件调查

17.1　突发事件发生后，各有关中心、总部、职能部门要立即派员前往事故现场进行调查。如发生特大事故/重大事故，在有限公司抢险领导小组到达事故现场前，现场组织者要负责保护现场、勘查现场、查找事故见证人、保存可疑物证，查找事故线索及原因，并做好记录，待抢险领导小组到达后如实汇报。

17.2　突发事件发生后，由抢险领导小组负责指挥对事故现场进行全面勘察和调查工作。

17.2.1　查看现场、绘制现场图，拍摄照片或录像。

17.2.2　对当事人及关系人分别进行询问调查，并做好记录，由本人签字后收存。调查询问后令其写出书面材料签字后收存。

17.2.3　查看、收取各种有关记录、表格、录音磁带等资料。

17.3　各有关中心、总部、职能部门、地铁公安分局到达事故现场后，由抢险领导小组负责指挥，按下列分工开展事故调查工作。

17.3.1　安全技术部组织对事故现场进行全面勘察和调查工作，负责地铁职工伤亡情况的调查。

17.3.2　车务中心组织对当值调度人员进行调查，收集与事件有关的有线、无线调度电话录音，事件发生时运营的各种技术参数（如列车状态、客流情况、行车设备状态、机电设备状态、当值人员情况等）。车务中心负责对乘客伤亡情况、列车载客情况、行车值班室控制台的状态进行检查，并做好记录。车务中心对值班站长、值班员、有关站务员调查事故情况，对乘客反映的情况及目击者进行调查，并做好记录。

17.3.3　车辆中心负责对车辆进行检查，详细记录车辆损坏情况。

17.3.4　维修中心、通号中心负责对供电、机电、通信、信号、线路设备进行检查，详细记录各种设备损坏情况。

17.3.5　地铁公安分局对刑事案件按公安机关工作程序进行勘查，必要时对当事人或关系人进行隔离保护。

18　应急预案

18.1　预案编制原则

18.1.1　以"安全第一"为指导思想，确保事件处理有序、可控、快速、及时，尽量缩小事件影响范围，减少事件带来的损失，尽快恢复地铁运营。

18.1.2　安全技术部负责有限公司级总体预案和综合预案的编写工作；生产调控部负责有限公司级应急预案的编写工作；各中心、总部负责本中心、总部和相关专业的预案具体编写工作。

18.1.3　各中心、总部、职能部门、各专业应根据本程序编制相关事件应急处理预案，并不断完善，提高应急抢险能力。

18.1.4　各专业应急预案应具有针对性、有效性、可操作性。

18.2　预案的分类

根据突发事件的分类，预案对应分为三类：运营生产类、消防治安类和自然灾害类。

18.3　预案编制的内容应包括以下内容：抢险组织，主办单位职责，协办单位职责，抢险器具操作程序，培训及演练要求。

19　抢险工器具管理

19.1　为了在出现突发性事件时，尽快恢复生产和运营服务，缩短事件影响时间，在车站配置了通用抢险工器具、专用抢险工器具。

19.2　抢险工器具的启用

19.2.1　启用条件：当出现影响列车运行或影响运营服务的突发事件，需要进行应急处理，让列车可以通行或降级运行，降低事件影响。

19.2.2　日常的设备维护、故障处理，不得启用抢险工器具。抢险工器具的启用由维修中心、通号中心或车辆中心的部门领导通知维调，维调通知车站后方可使用。使用完毕，车站负责清点。

19.3　抢险工器具的维护和管理

19.3.1　通用抢险工器具

19.3.1.1　通用抢险工器具的申购及存放地点由维修中心负责。通用抢险工器具应放入抢险工器具箱内，抢险工器具箱做明显标识，放置于站内指定地点，车站负责加封加锁。

19.3.1.2　车站负责通用抢险工器具箱钥匙的保管，每天检查工具箱封条完好情况。如果发现封条被破坏，需开箱检查。

19.3.1.3　维修中心负责通用抢险工器具的质量检查和保养，每月进行一次，并填写检查记录，检查前、检查后需与车站做好交接。

19.3.1.4　车站对通用抢险工器具的每次使用情况做记录。值班主任助理、分部调度、车控室各留一份通用抢险工器具配置标准的纸质清单，以供需要使用时查询。

19.3.2　专用抢险工器具

19.3.2.1　专用抢险工器具的申购及存放地点由各专业负责。专用抢险工器具应放入专用抢险工器具箱内，抢险工器具箱做明显标识，放置于站内指定地点，并上锁。

19.3.2.2　各分部负责所属专业专用抢险工器具及其箱钥匙的保管，每月对照配置标准表进行检查，并填写检查记录。

19.3.2.3　各分部对所属专业专用抢险工器具的每次使用情况做记录。值班主任助理、分部调度各留一份专用抢险工器具配置标准的纸质清单，以供需要使用时查询。

19.3.3　抢险工器具的质量监督

19.3.3.1　抢险工器具在每次使用后，使用部门对抢险工器具的质量、损耗及实用性做检查，并向值班主任助理报告使用情况，值班主任助理督促维修中心、通号中心对存在问题的抢险工器具进行及时补充、更换或修复。

19.3.3.2　检查、保养中发现抢险工器具存在质量问题时，需及时向值班主任报告，值班主任助理跟进维修中心、通号中心进行更换或修复。

19.3.4　抢险工器具的配置标准

19.3.4.1　抢险工器具的配置标准由使用部门制定，并根据实际使用情况调整。安全技术部对配置标准进行审核。

19.3.4.2　各线每个车站配置通用抢险工器具、专用抢险工器具各一套。（换乘站只按一个车站配置，4号线、5号线车站不配置断线钳。）

19.3.4.3　通用抢险工器具配置标准见附表1。

附表 1　通用抢险工器具配置标准

序号	工器具名称	规格	单位	数量
1	断线钳（1 号、2 号、3 号线）	200mm	把	2
2	斜口钳	150mm	把	2
3	铁皮剪	250mm	把	1
4	不锈钢民用剪刀	145mm	把	2
5	电动马刀锯	GSA900 型，BOSCH	把	1
6	手工锯	300mm，3 件套，SATA	把	2
7	电缆盘架	LDA-2.5/50m，3mm×2.5mm，220V，32A	个	1
8	铁锤	带柄，6lb[①]	个	1
9	铜锤	2kg，带木柄	个	1
10	圆头锤	1kg，带柄	个	1
11	活动扳手	450mm	把	1
12	活动扳手	250mm	把	1
13	活动扳手	6in[②]，史丹利	把	1
14	管钳	450mm	把	2
15	圆口带刃大力钳	175mm，史丹利	把	1
16	一字、十字螺钉旋具组套	8 件，史丹利	套	1
17	球形内六角扳手组	英制，12 件，（1/16in～3/8in）	套	1
18	六角撬棍	$\phi25×1500mm$	根	2
19	六角撬棍	$\phi18×500mm$（鸭嘴头及圆锥头）	根	2
20	钢扁凿	22mm×200mm	个	1
21	钢尖凿	22mm×300mm	个	1
22	抢险工具箱（铁皮，可上锁）	长 1.8m，宽 0.4m，高 0.45m，可上锁	个	1

① 1lb=0.45359237kg。

② 1in=0.254m。

19.3.4.4　专用抢险工器具配置标准见附表 2。

附表 2　专用抢险工器具配置标准

序号	工器具名称	规格型号	单位	数量	使 用 专 业
1	接触网紧线器（1 号线）	16-70、50-150、150-300	套	各 2	供电
2	梯车（1 号、2 号、3 号线）	4m	辆	1	供电
3	锻制羊角套筒扳手	32mm	把	2	工建
4	锻制羊角套筒扳手	38mm	把	2	工建
5	鼓包夹板及急救器	P60	套	2	工建

参 考 文 献

[1] 宋燕. 科学编制应急预案演练方案 [J]. 劳动保护，2010 (9)：100-101.

[2] 杜宝玲. 国外地铁火灾事故案例统计分析 [J]. 消防科学与技术，2007，26 (2)：214-217.

[3] 贾涛. 地下建筑火灾的特点及预防措施 [J]. 煤炭技术，2005，24 (9)：27-28.

[4] 陈鼎榕. 地铁火灾事故下的安全疏散 [J]. 城市轨道交通研究，2003 (2)：49-50.

[5] 韩利民，李兴高，杨水平. 地铁运营安全及对策研究 [J]. 中国安全科学学报，2004，14 (10)：46.

[6] 吴宗之，刘茂. 重大事故应急救援系统与预案导论 [M]. 北京：冶金工业出版社，2003.

[7] 刘莉娜. 城市轨道交通客运组织 [M]. 2 版. 北京：人民交通出版社，2015.

[8] 王靓，于赛英. 城市轨道交通应急处理 [M]. 北京：机械工业出版社，2014.

[9] 刘奇，徐新玉. 城市轨道交通应急处理 [M]. 北京：人民交通出版社股份有限公司，2015.

[10] 蔡宏光. 应对城市轨道交通突发事件的对策 [J]. 中国铁路，2011 (6)：71-73.

[11] 牛宏睿，李秋明，王超，等. 轨道交通突发事件的分级分类方法研究 [J]. 铁路计算机应用，2012，21 (5)：26-28.

[12] 黄湘岳. 深圳地铁"四不"应急演练实例分析 [J]. 中国应急管理，2013 (9)：52-55.

城市轨道交通突发事件应急处理

第 2 版

实训工单

目录 / CONTENTS //////////////////

项目一　走进城市轨道交通突发事件

任务一　认识城市轨道交通突发事件

学院		专业	
姓名		学号	
小组成员		组长姓名	

一、接受工作任务	成绩：

阅读教材中的【案例引入】，结合相关知识，以小组为单位，模拟车站工作。

1）通过角色扮演，模拟此次事故经过。

2）尝试加入车站工作人员角色，应对此次事故。

3）其他同学通过观看表演，分析事故产生的原因，总结突发事故的特点。

4）写出此次突发事件造成的危害。

二、信息收集	成绩：

1）城市轨道交通突发事件的特点有_____、_____、_____、_____。

2）分析【案例引入】中事件发生的原因。

3）为确保乘客的安全，落实安全生产工作，请思考该如何预防此类事故。

三、制订计划		成绩：

1. 根据任务要求，制订小组工作计划。

操作流程		
序号	作业项目	操作要点
1	进行角色分工	合理分工，不遗漏关键岗位
2	事故处理规划	程序得当，没有常识性错误。具备良好的服务意识及沟通表达能力，做好乘客疏散和解释工作
3	情景模拟	能初步根据城市轨道交通突发事件的特点进行分析，清楚认识城市轨道交通突发事件所造成的危害，重视并能有预防的意识
计划审核	审核意见： 　　　　　　　　　　　　年　月　日 　　　　　　　　　　　　签字：	

2. 根据作业计划，完成成员小组分工。

行车值班员		值班站长	
站务员		司机	
乘客		记录员	

3. 注意事项。

1）小组人员角色设置合理，分工明确。
2）处理事故程序得当，没有常识性错误。具备良好的服务意识及沟通表达能力，做好乘客疏散和解释工作，使乘客情绪得到安抚，防止事态进一步恶化。
3）事故原因分析合理，总结的特点条理清晰。
4）清楚认识城市轨道突发事件所造成的危害，重视并能有预防的意识。

4. 清点使用的设备、工具、材料。

序号	名称	数量	清点
1	急救包	1	已清点□
2	隔离带	若干	已清点□

四、计划实施与检查		成绩：	
项目	标准	分值	成绩
小组角色分工	小组人员角色设置合理，分工明确	10分	
事故处理规划	处理事故程序得当，没有常识性错误，未造成二次伤害	15分	
情景模拟	具备良好的服务意识及沟通表达能力，做好乘客疏散和解释工作，使乘客情绪得到安抚，防止事态进一步恶化	15分	
事故分析	事故原因分析合理，总结的特点条理清晰	10分	
小组总结	清楚认识城市轨道交通突发事件所造成的危害，重视并能有预防的意识	10分	

五、评价反馈	成绩：

1. 自我评价。

本人在该任务中主要负责：
本人主要做了以下工作：

在工作过程中，本人认为自身的优点有：
不足之处有：

今后在同类的小组任务中，本人将会在以下方面进行改进：

2. 小组评价。

该同学是否符合"8S"管理规定，规范着装	是□　否□
是否严格遵守安全生产守则要求，确保实训安全	是□　否□
是否听从小组长的工作安排，是否遵守课堂纪律	是□　否□
是否为小组提供了有建设性的意见	是□　否□
是否在小组工作结束后整理工作区域	是□　否□

六、实训成绩单		成绩：		
项目	评分标准		分值	得分
接受工作任务	明确工作任务，认识到突发事件对城市轨道交通的危害		5	
信息收集	本次实训前需要掌握的知识掌握牢固		10	
制订计划	按照任务要求合理制订计划，写好操作要点，做好人员分工		10	
计划实施与检查	掌握各步骤要点		60	
评价反馈	能在任务实施过程中发现自身问题，发现团队问题		15	
合计			100	

任务二 掌握城市轨道交通突发事件的分类和分级

学院		专业	
姓名		学号	
小组成员		组长姓名	

一、接受工作任务　　　　成绩：

阅读教材中【案例引入】，结合相关知识，完成以下练习：

1）对案例的突发事件进行分类。

2）对案例的突发事件进行分级，并说出依据。

3）根据所学知识，查找资料，找出四种突发事件类型的案例，总结突发事件发生后相关部门的救援经过，并制作 PPT。

二、信息收集　　　　成绩：

1）根据城市轨道交通突发事件的性质、演变过程和发生机理，可以将城市轨道交通突发事件分为＿＿＿＿＿＿、＿＿＿＿＿＿、＿＿＿＿＿＿、＿＿＿＿＿＿四类。

2）按照事件严重性和受影响程度，突发事件可分为＿＿＿＿＿、＿＿＿＿＿、较大和一般四级。

3）通过案例查找，你认为城市轨道交通突发事件的后果严重吗？作为工作人员，你该如何肩负"生命至上，安全生产"的责任？注重哪些方面的学习和安全设想，以降低事故率？

三、制订计划　　　　成绩：

1. 根据任务要求，制订小组工作计划。

操作流程		
序号	作业项目	操作要点
1	搜集城市轨道交通突发事件案例，并对案例的事件进行分类	按小组进行分工搜集，搜集的案例要典型、真实、具体
2	对搜集案例的事件按照标准进行分级	能按照事件分级标准进行正确分级
3	分析搜集案例的救援工作的开展情况	按小组对救援工作进行详细介绍，逻辑清晰，PPT 生动具体
计划审核	审核意见： 　　　　　　　　　　　　　年　　月　　日 　　　　　　　　　　　　　签字：	

2. 根据作业计划，完成成员小组分工。

信息收集员		文档撰写员	
汇报展示员			

3. 注意事项。

1）小组长分工合理，组员配合度高。
2）四种突发事件类型的案例查找准确，案例真实具体。
3）突发事件发生后的救援工作的总结逻辑清晰，PPT 生动具体。
4）通过项目的训练，小组对城市轨道交通突发事件的危害能做出自己的评价。

4. 清点使用的设备、工具、材料。

序号	名称	数量	清点
1	计算机（含网络）	若干	已清点□

四、计划实施与检查　　成绩：

项目	标准	分值	成绩
PPT 完整展示四类突发事件	资料根据突发事件分类要求分类正确	20 分	
分析判断突发事件的级别	能根据突发事件的分级标准判断正确	20 分	
简述突发事件产生的原因并总结经验教训	能根据案例对事件产生的原因进行分析，提出预防的措施或建议	20 分	

五、评价反馈	成绩：

1. 自我评价。

本人在该任务中主要负责：
本人主要做了以下工作：

在工作过程中，本人认为自身的优点有：
不足之处有：

今后在同类的小组任务中，本人将会在以下方面进行改进：

2. 小组评价。

该同学是否符合"8S"管理规定，规范着装	是□ 否□
是否严格遵守安全生产守则要求，确保实训安全	是□ 否□
是否听从小组长的工作安排，是否遵守课堂纪律	是□ 否□
是否为小组提供了有建设性的意见	是□ 否□
是否在小组工作结束后整理工作区域	是□ 否□

六、实训成绩单   成绩：

项目	评分标准	分值	得分
接受工作任务	明确工作任务，理解城市轨道突发事件的分类、分级	10	
信息收集	本次实训前需要掌握的知识掌握牢固	10	
制订计划	按任务要求制订计划	10	
计划实施与检查	按任务要求进行城市轨道交通突发事件分类、分级的判断	60	
评价反馈	能在任务实施的过程中发现自身问题，发现团队问题	10	
合计		100	

任务三　编制城市轨道交通应急救援预案

学院		专业	
姓名		学号	
小组成员		组长姓名	

一、接受工作任务　　　　　　　　　成绩：

参考本书中附录，自行搜集一些城市轨道交通应急救援预案。

1) 学生分组，讨论选题，教师提供参考资料或者搜索工具。
2) 以小组为单位相互交流并充分讨论预案的内容。
3) 按照讨论的结果以小组的形式撰写预案。
4) 提交预案，教师批阅后点评。

二、信息收集　　　　　　　　　　　成绩：

1) 城市轨道交通应急救援预案的分类，主要有＿＿＿＿＿、＿＿＿＿＿、＿＿＿＿＿。
2) 城市轨道交通事故灾害分为＿＿＿＿＿＿、＿＿＿＿＿＿、＿＿＿＿＿＿。
3) 应急救援预案的基本结构包括＿＿＿＿＿＿、＿＿＿＿＿＿、＿＿＿＿＿＿、
＿＿＿＿＿＿、＿＿＿＿＿＿、＿＿＿＿＿＿。
4) 扩大或提高应急响应级别的主要依据包括：＿＿＿＿＿、＿＿＿＿＿、＿＿＿＿＿。

三、制订计划　　　　　　　　　　　成绩：

1. 根据任务要求，制订小组工作计划。

操作流程		
序号	作业项目	操作要点
1	确定应急救援预案的类型和结构	正确进行应急救援预案的分类，确定应急救援预案的结构
2	小组分工	明确各成员在应急救援预案结构中承担的任务
3	结构模块内容填写和修改	明确各结构作用，对实施内容进行核对和修改
4	检查、优化预案	根据应急救援体系中的主要应急机制检查、优化预案
计划审核	审核意见： 　　　　　　　　　　　　　　　　　　　年　月　日 　　　　　　　　　　　　　　　　　　　签字：	

2. 根据作业计划，完成成员小组分工。

信息收集员		文档撰写员	
汇报展示员			

3. 注意事项。

1）所编制的预案尽量规范、内容完备、具有可操作性。
2）小组讨论充分，分工明确。
3）能推选代表阐述所提交的预案的设计思路和想法。
4）教师点评后展示各小组的成果，供互相学习。

4. 清点使用的设备、工具、材料。

序号	名称	数量	清点
1	计算机	1	已清点□

四、计划实施与检查		成绩：	

项目	标准	分值	成绩
确定应急预案（现场预案）的类型和结构	根据城市轨道交通应急救援预案的作用和分类进行明确	15分	
小组分工	按照预案结构进行任务分解，按分工撰写预案	15分	
结构模块内容填写和修改	明确各结构的作用，对实施内容进行核对和修改	15分	
检查、优化预案	根据应急救援体系中的主要应急机制检查、优化预案	15分	

五、评价反馈		成绩：	

1. 自我评价。

本人在该任务中主要负责：
本人主要做了以下工作：

在工作过程中，本人认为自身的优点有：
不足之处有：

今后在同类的小组任务中，本人将会在以下方面进行改进：

2. 小组评价。

该同学是否符合"8S"管理规定，规范着装	是☐ 否☐
是否严格遵守安全生产守则要求，确保实训安全	是☐ 否☐
是否听从小组长的工作安排，是否遵守课堂纪律	是☐ 否☐
是否为小组提供了有建设性的意见	是☐ 否☐
是否在小组工作结束后整理工作区域	是☐ 否☐

六、实训成绩单　　成绩：

项目	评分标准	分值	得分
接受工作任务	明确工作任务，理解城市轨道交通应急救援预案的分类和基本结构	10	
信息收集	本次实训前需要掌握的知识掌握牢固	10	
制订计划	按任务要求制订计划	10	
计划实施与检查	按任务要求进行小组分工，在反复的桌面演练中完成任务	60	
评价反馈	能在任务实施的过程中发现自身问题，发现团队问题	10	
合计		100	

任务四 城市轨道交通应急救援预案演练

学院		专业	
姓名		学号	
小组成员		组长姓名	

一、接受工作任务　　　　　　　　　成绩：

根据各小组在项目一任务三中制订的预案，按照演练要求进行演练。
1）学生分组，讨论演练方案，教师提供参考资料或者搜索工具。
2）以小组为单位相互交流并充分讨论预案演练的步骤。
3）再次核实演练内容，并交给老师审核。
4）进行演练，完成后总结。

二、信息收集　　　　　　　　　　　成绩：

1）城市轨道交通应急预案演练的基础特性有＿＿＿＿＿＿和＿＿＿＿＿＿。
2）城市轨道交通应急预案演练按内容划分，可分为＿＿＿＿＿＿和＿＿＿＿＿＿。
3）应急预案演练方案的主要内容，主要有＿＿＿＿＿、＿＿＿＿＿、＿＿＿＿＿、
＿＿＿＿＿、＿＿＿＿＿。
4）应急预案演练参演人员的构成主要有＿＿＿＿＿、＿＿＿＿＿、＿＿＿＿＿
＿＿＿＿＿。

三、制订计划　　　　　　　　　　　成绩：

1. 根据任务要求，制订小组工作计划。

操作流程

序号	作业项目	操作要点
1	明确演练的目的、类型、规模与响应级别	演练的方案和目的明确，总体设置合理
2	按演练的类型和目的，对小组人员按角色进行分工	人员分配合理，职责明确
3	按方案进行演练	应设定好演练的具体部位、破坏程度、伤亡情况、人员受困情况等场景
4	发现本组演练中的问题，及时总结并汇报	检验应急情况下应急行动人员的处理能力，检验应急预案是否存在缺陷
计划审核	审核意见： 　　　　　　　　　　　　　　　　年　月　日 　　　　　　　　　　　　　　　签字：	

2. 根据作业计划，完成成员小组分工。

应急行动人员		演练过程控制人员	
模拟人员		评价人员（可兼任）	

3. 注意事项。

1）贯彻"统一指挥，逐级负责"的原则，参加演练人员应在小组长统一指挥下，按照演练方案进行，需听从小组长对演练进度的指令。

2）演练中的通信联络及使用办法、命令下达、信息传递均应按相关规定执行，各岗位在运行过程中应保持密切联系。

四、计划实施与检查		成绩：		
项目	标准	分值	成绩
明确演练的目的、类型、规模与响应级别	应设立合理的应急预案演练框架，假设演练背景和模拟突发事件及其演练时间	15分	
按演练的类型和目的，对小组人员按角色进行分工	按照预案规定的动作和程序，按角色分工，按其职责进行演练	15分	
按方案进行演练	演练应明确事发具体部位，包含破坏程度、人员受困情况等场景，并安排好场景出现的顺序，充分检验应急行动人员的应急处置能力	15分	
发现本组演练中的问题，及时总结并汇报	客观评价演练过程各岗位人员的应急处理能力，提出有针对性的建议	15分	

五、评价反馈		成绩：

1. 自我评价。

本人在该任务中主要负责：
本人主要做了以下工作：

在工作过程中，本人认为自身的优点有：
不足之处有：

今后在同类的小组任务中，本人将会在以下方面进行改进：

2. 小组评价。

该同学是否符合"8S"管理规定，规范着装	是□ 否□
是否严格遵守安全生产守则要求，确保实训安全	是□ 否□
是否听从小组长的工作安排，是否遵守课堂纪律	是□ 否□
是否为小组提供了有建设性的意见	是□ 否□
是否在小组工作结束后整理工作区域	是□ 否□

六、实训成绩单   成绩：

项目	评分标准	分值	得分
接受工作任务	明确工作任务，理解城市轨道交通应急演练的基本特点	10	
信息收集	本次实训前应掌握的知识掌握牢固	10	
制订计划	按任务要求制订计划	10	
计划实施与检查	按预案进行城市轨道交通突发事件应急处理演练	60	
评价反馈	能在任务实施的过程中发现自身问题，发现团队问题	10	
合计		100	

02 //

项目二　自然灾害类突发事件应急处理

任务一　水灾应急处理

学院		专业	
姓名		学号	
小组成员		组长姓名	

一、接受工作任务	成绩:

　　某台风带来的强降水，造成某市一地铁车站淹水。当天早上，该地铁车站的外围开始出现积水，不久便侵入车站内。随着雨势的增大，站内浸水面积越来越大。半小时后，该地铁线路停止运行，车站开始疏散乘客，各部门迅速按照车站水灾应急处理程序，有序开展抢险工作。最终淹水于当天傍晚退去，车站经过安全排查后恢复运营。

　　阅读以上案例，结合相关知识，以小组为单位，模拟车站工作。

　　1）通过角色扮演，明确此次抢险工作中各岗位的工作职责，协助相关部门完成故障处理。

　　2）具备良好的安全责任意识，确保运营安全。

　　3）掌握应急抢险工具的使用规定和操作方法。

二、信息收集	成绩:

　　1）地铁出入口防积水涌入的"三道防线"是_____、_____、_____。

　　2）当轨道淹水时，如果水位已经到钢轨顶部，限速_____运行；如果水已淹过轨面，列车无法通过时，司机须_____。

　　3）当发生站外路面积水倒灌车站引起车站水淹，但未达到关站条件时，各岗位职责有哪些?

4）搜集郑州地铁"7·20"事件资料，该事故发生的原因是什么？作为车站工作人员，你认为该从哪些方面改进，以尽量减少此类事故的发生？

三、制订计划	成绩：

1. 根据任务要求，制订小组工作计划。

操作流程

序号	作业项目	操作要点
1	确认现场情况，启动应急预案	信息报告，请求支援，支援人员到位，带上相应防汛物资
2	应急现场处理	加强巡视重点区域，关闭相关设施设备，设置警示牌，引导乘客出入站，开启排水泵排水作业并密切监视
3	配合抢修作业，上报信息	抢险组赶赴现场进行抢修作业，进行站台与站厅连接处的防汛作业，对乘客进行广播、服务
4	恢复阶段	现场清理，信息上报，取消应急状态，事后汇报
计划审核	审核意见： 年　月　日 签字：	

2. 根据作业计划，完成成员小组分工。

行车值班员		值班站长	
站务员			
乘客			

3. 注意事项。

1）车站工作人员角色设置合理，分工明确。

2）做乘客解释工作时，语言大方得体、有说服力。具备良好的服务意识及沟通表达能力，乘客情绪得到安抚，避免发生混乱。

3）应急处理过程沉着冷静，不慌不忙，能妥善解答乘客的疑问。

4）应急处理程序及抢险工具的使用没有常识性错误。

4. 清点使用的设备、工具、材料。

序号	名称	数量	清点
1	挡水板	1	已清点□
2	防滑垫	1	已清点□

四、计划实施与检查		成绩：		
项目	标准		分值	成绩
确认现场情况	发现站外积水倒灌，按以下步骤正确处理：①信息报告，请求支援；②支援人员到位，带上相应防汛物资；③启动应急预案（阐述并完成一步得4分）		12分	
现场处理	加强巡视重点区域，按以下步骤正确处理：①关闭相关设施设备；②设置警示牌；③引导乘客出入站；④开启排水泵排水作业并密切监视；⑤抢险组赶赴现场进行抢修作业；⑥站台与站厅连接处的防汛作业；⑦乘客广播、服务；⑧信息上报（阐述并完成一步得5分）		40分	
恢复	现场清理，按以下步骤正确处理：①信息上报，取消应急状态；②事后汇报（阐述并完成一步得4分）		8分	

五、评价反馈	成绩：

1. 自我评价。

本人在该任务中主要负责：
本人主要做了以下工作：

在工作过程中，本人认为自身的优点有：
不足之处有：

今后在同类的小组任务中，本人将会在以下方面进行改进：

2. 小组评价。

该同学是否符合"8S"管理规定，规范着装	是□　否□
是否严格遵守安全生产守则要求，确保实训安全	是□　否□
是否听从小组长的工作安排，是否遵守课堂纪律	是□　否□
是否为小组提供了有建设性的意见	是□　否□
是否在小组工作结束后整理工作区域	是□　否□

六、实训成绩单　　成绩：

项目	评分标准	分值	得分
接受工作任务	明确工作任务，理解车站水灾的特点	10	
信息收集	本次实训前需要掌握的知识掌握牢固	10	
制订计划	按任务要求制订计划	10	
计划实施与检查	三阶段程序完整、合理、有序，无安全事故，无安全隐患	60	
评价反馈	能在任务实施的过程中发现自身问题，发现团队问题	10	
合计		100	

任务二　暴雪、寒潮天气应急处理

学院		专业	
姓名		学号	
小组成员		组长姓名	

一、接受工作任务	成绩：

根据教材中的【案例引入】，结合相关知识，以小组为单位，模拟车站暴雪应急演练。

1）通过小组合作，查阅资料，写出暴雪应急处理工作流程。

2）根据暴雪应急处理工作流程，进行小组分工，以角色扮演的方式在规定时间内规范完成暴雪应急演练。

3）根据评价表，对小组演练工作进行总结评价，提出建议。

4）提出应急工作改进建议。

二、信息收集	成绩：

1）暴雪的潜在事故风险有哪些？

2）车站受到暴雪、寒潮影响时，包括行车值班员、司机、值班站长、站务员在内的各岗位职责有哪些？

三、制订计划	成绩：

1. 根据任务要求，制订小组工作计划。

操作流程		
序号	作业项目	操作要点
1	确认现场情况，启动应急预案	信息报告，请求支援，支援人员到位，带上相应救援物资
2	应急现场处理	加强巡视重点区域，关闭相关设施设备，设置警示牌，引导乘客出入站
3	配合抢修作业，上报信息	抢险组赶赴现场进行抢修作业，对乘客进行广播、服务
4	恢复阶段	现场清理，信息上报，取消应急状态，事后汇报
计划审核	审核意见： 　　　　　　　　　　　　　　　年　月　日 　　　　　　　　　　　　　　　签字：	

2. 根据作业计划，完成成员小组分工。

行车值班员		值班站长	
站务员			
乘客			

3. 注意事项。

1）各岗位工作人员角色设置合理，分工明确。
2）处理事故和安抚乘客程序得当，逻辑清晰，工具选用合理。具备良好的服务意识及沟通表达能力，做好乘客疏散和解释工作，防止事态进一步恶化。
3）现场处理过程没有常识性错误。

4. 清点使用的设备、工具、材料。

序号	名称	数量	清点
1	挡水板	若干	已清点□
2	防滑垫	若干	已清点□

四、计划实施与检查		成绩：		
项目	标准		分值	成绩
确认现场情况	发现暴雪引发大客流，按以下步骤正确处理：①信息报告，请求支援；②支援人员到位，带上救援物资；③启动应急预案（阐述并完成一步得6分）		18分	
现场处置	加强巡视重点区域，按以下步骤正确处理：①关闭相关设施设备；②设置警示牌；③站内客流疏导；④组织扫雪和防滑工作，密切监视天气变化；⑤抢险组赶赴现场进行抢修作业；⑥站外客流控制；⑦乘客广播、服务；⑧信息上报（阐述并完成一步得4分）		32分	
恢复	现场清理，按以下步骤正确处理：①信息上报，取消应急状态；②事后汇报（阐述并完成一步得5分）		10分	
五、评价反馈		成绩：		
1. 自我评价。				
本人在该任务中主要负责： 本人主要做了以下工作：				
在工作过程中，本人认为自身的优点有： 不足之处有：				
今后在同类的小组任务中，本人将会在以下方面进行改进：				
2. 小组评价。				
该同学是否符合"8S"管理规定，规范着装		是□　否□		
是否严格遵守安全生产守则要求，确保实训安全		是□　否□		
是否听从小组长的工作安排，是否遵守课堂纪律		是□　否□		
是否为小组提供了有建设性的意见		是□　否□		
是否在小组工作结束后整理工作区域		是□　否□		

六、实训成绩单		成绩：		
项目	评分标准	分值	得分	
接受工作任务	明确工作任务，能叙述应急处理时各岗位工作职责	10		
信息收集	本次实训前需要掌握的知识掌握牢固	10		
制订计划	按任务要求制订计划	10		
计划实施与检查	三阶段程序完整、合理、有序，无安全事故，无安全隐患	60		
评价反馈	能在任务实施的过程中发现自身问题，发现团队问题	10		
合计		100		

任务三 大雾、灰霾天气应急处理

学院		专业	
姓名		学号	
小组成员		组长姓名	

一、接受工作任务	成绩:

阅读教材中的【案例引入】，结合应急处理程序，以小组为单位，模拟车站工作。

1）通过角色扮演，展示本次突发事件的应急处理各岗位工作程序，安抚候车乘客情绪，未发生次生事故和灾害，对运营时机做出准确判断。

2）写出事故处理报告。

二、信息收集	成绩:

1）大雾是指空气中悬浮的微小水滴或冰晶使＿＿＿＿＿＿＿＿＿的天气现象，可能对交通、电力、人体健康等造成危害。

2）灰霾等级中，重度灰霾是指能见度小于＿＿＿＿＿＿＿＿＿km。

3）请简述大雾、灰霾天气潜在的事故风险有哪些。

4）如果你是地铁司机，在大雾天进行行车作业，你如何预防事故的发生，保障乘客安全?

三、制订计划	成绩:

1. 根据任务要求，制订小组工作计划

操作流程		
序号	作业项目	操作要点
1	认识大雾、灰霾天气预警信号	认识准确
2	简述灰霾的等级	清楚阐述各个等级的不同之处
3	OCC 岗位演示	发布信息合理准确
4	车站岗位演示	清楚接收 OCC 信息，执行准确
5	司机岗位演示	清楚接收 OCC 信息，汇报准确
计划审核	审核意见: 年 月 日 签字:	

2. 根据作业计划，完成成员小组分工。

乘客		站长	
OCC 岗位		展示员	
行车值班员		记录员	

3. 注意事项。

1）车站工作人员角色设置合理，分工明确。

2）处理程序得当，工具选用合理。具备良好的服务意识及沟通表达能力，做好乘客疏散和解释工作，乘客情绪得到安抚，防止事态进一步恶化。

3）没有常识性错误。

4. 清点使用的设备、工具、材料。

序号	名称	数量	清点
1	警示牌	1	已清点□
2	电话	1	已清点□

四、计划实施与检查		成绩：		
项目	标准		分值	成绩
认识大雾、灰霾预警信号	正确识别大雾、灰霾预警信号（阐述正确一个得4分）		12分	
简述灰霾的等级	正确叙述灰霾等级不同的特点（阐述正确一个得4分）		12分	
OCC 岗位演示	①准确向车站和司机发布预警信号；②通知车站和司机做好相关准备；③通知车站发布信息，准确监控列车运行；④安排一名具备 URM 以上的添乘人员（准确演示并完成一步得3分）		12分	
车站岗位演示	①及时向行调汇报；②开照明，设置警示牌；③安排一名具备 URM 以上的添乘人员（准确演示并完成一步得4分）		12分	
司机岗位演示	①及时向行调汇报；②开启车头灯；③确定不同情况下的客车时速；④确定不同情况下工程车不同时速（准确演示并完成一步得3分）		12分	

五、评价反馈	成绩：		
1. 自我评价。			
本人在该任务中主要负责： 本人主要做了以下工作：			
在工作过程中，本人认为自身的优点有： 不足之处有：			
今后在同类的小组任务中，本人将会在以下方面进行改进：			
2. 小组评价。			
该同学是否符合"8S"管理规定，规范着装	是□ 否□		
是否严格遵守安全生产守则要求，确保实训安全	是□ 否□		
是否听从小组长的工作安排，是否遵守课堂纪律	是□ 否□		
是否为小组提供了有建设性的意见	是□ 否□		
是否在小组工作结束后整理工作区域	是□ 否□		
六、实训成绩单	成绩：		

项目	评分标准	分值	得分
接受工作任务	明确工作任务，理解大雾、灰霾天气对城市轨道交通的影响	10	
信息收集	本次实训前需要掌握的知识掌握牢固	10	
制订计划	按任务要求制订计划	10	
计划实施与检查	按任务要求进行大雾、灰霾天气应急处理	60	
评价反馈	能在任务实施的过程中发现自身问题，发现团队问题	10	
合计		100	

项目三　事故灾难类突发事件应急处理

任务一　火灾应急处理

学院		专业	
姓名		学号	
小组成员		组长姓名	

一、接受工作任务	成绩：

阅读教材中的【案例引入】，结合相关知识，以小组为单位，模拟车站工作。

1）分析城市轨道交通火灾的特点。

2）以 3~5 位同学分别担任车站现场工作人员，全班其他同学担任乘客，模拟演练火灾时的现场处理，包括隧道区间火灾和车站火灾的处置。

3）以 3~5 位同学为小组简述火灾事故报告与事后处理的程序。

二、信息收集	成绩：

1）火灾探测器包括＿＿＿＿＿＿＿＿、＿＿＿＿＿＿＿＿、＿＿＿＿＿＿＿＿。

2）事故信息报告程序分为＿＿＿＿＿＿＿＿、＿＿＿＿＿＿＿＿、＿＿＿＿＿＿＿＿。

3）事故责任按程度可分为＿＿＿＿＿＿＿＿、＿＿＿＿＿＿＿＿、＿＿＿＿＿＿＿＿、＿＿＿＿＿＿＿＿
＿＿＿＿＿＿＿＿。

4）请简述地铁火灾的特点。

5）搜集韩国大邱地铁火灾事故案例，仔细阅读事故中工作人员失职的片段，思考地铁工作人员在发生火灾的时候，应该具备什么样的工作品质。

三、制订计划	成绩：

1. 根据任务要求，制订小组工作计划。

操作流程		
序号	作业项目	操作要点
1	简述城市轨道交通火灾的特点	能说出城市轨道交通火灾的特点和产生的原因
2	城市轨道交通火灾应急处理方式与步骤	能熟练说出城市轨道交通火灾应急处理方式与步骤
3	城市轨道交通消防设备的使用方法	能掌握城市轨道交通消防设备的使用方法
计划审核	审核意见： 年　月　日 签字：	

2. 根据作业计划，完成成员小组分工。

行车值班员		值班站长	
站务员		司机	
乘客		记录员	

3. 注意事项。

1）小组人员角色设置合理，分工明确。

2）处理事故程序得当，没有常识性错误。具备良好的服务意识及沟通表达能力，做好乘客疏散和解释工作，乘客情绪得到安抚，防止事态进一步恶化。

3）事故报告与事后处理程序叙述合理，条理清晰。

4. 清点使用的设备、工具、材料。

序号	名称	数量	清点
1	对讲机	1	已清点□
2	泡沫灭火器	1	已清点□

四、计划实施与检查		成绩：	
项目	标准	分值	成绩
分析城市轨道交通火灾的特点	能根据城市轨道交通火灾案例，分析出城市轨道交通火灾的特点	10分	
简述列车在区间隧道发生火灾的处理程序	能根据区间隧道火灾的应急处理程序和要求按要点进行处理	20分	
简述列车在车站发生火灾的处理程序	能根据区间隧道火灾的应急处理程序和要求按要点进行处理	20分	
简述火灾事故报告与事后处理的程序	根据火灾事故报告与事后处理程序和要求按要点进行处理	10分	

五、评价反馈		成绩：	
1. 自我评价。			
本人在该任务中主要负责： 本人主要做了以下工作：			
在工作过程中，本人认为自身的优点有： 不足之处有：			
今后在同类的小组任务中，本人将会在以下方面进行改进：			
2. 小组评价。			
该同学是否符合"8S"管理规定，规范着装		是□　否□	
是否严格遵守安全生产守则要求，确保实训安全		是□　否□	
是否听从小组长的工作安排，是否遵守课堂纪律		是□　否□	
是否为小组提供了有建设性的意见		是□　否□	
是否在小组工作结束后整理工作区域		是□　否□	

六、实训成绩单	成绩：		
项目	评分标准	分值	得分
接受工作任务	明确工作任务，理解火灾事故的特点	10	
信息收集	本次实训前需要掌握的知识掌握牢固	10	
制订计划	按任务要求制订计划	10	
计划实施与检查	能对火灾发生在不同位置做判断，处理城市轨道交通火灾事故做到条理清晰、重点突出	60	
评价反馈	能在任务实施的过程中发现自身问题，发现团队问题	10	
合计		100	

任务二　爆炸应急处理

学院		专业	
姓名		学号	
小组成员		组长姓名	

一、接受工作任务	成绩：

阅读教材中的【案例引入】，结合相关知识，以小组为单位：

1）识别常见爆炸物。

2）认识爆炸事件的特点与危害。

3）以 3~5 名同学的小组为单位，分配好现场车站人员角色，根据发现爆炸物的处理流程，撰写一份爆炸应急救援演练脚本，内容包括演练目的、演练内容、各成员职责、演练实施等，并使用标准用语。

二、信息收集	成绩：

1）爆炸物品类包括_____、_____、_____、_____等。

2）爆炸的危害包括_____、_____、_____、_____。

3）简述爆炸事故应急处理的难点。

三、制订计划	成绩：

1. 根据任务要求，制订小组工作计划。

操作流程

序号	作业项目	操作要点
1	简述常见爆炸物的名称	能说出爆炸物的名称并分类
2	简述爆炸事件在城市轨道交通中发生的特点与危害	城市轨道交通发生爆炸产生的危害和处理难点
3	撰写爆炸应急救援演练脚本	明确演练人员的职责及所分类的任务
计划审核	审核意见： 　　　　　　　　　　　年　月　日 　　　　　　　　　　　签字：	

2. 根据作业计划，完成成员小组分工。

行车值班员		值班站长	
站务员		司机	
乘客		记录员	

3. 注意事项。

1）清楚各类爆炸物的特点。
2）熟悉爆炸物应急处理的难点。

4. 清点使用的设备、工具、材料。

序号	名称	数量	清点
1	对讲机	1	已清点□
2	铁马	若干	已清点□

四、计划实施与检查	成绩：		
项目	标准	分值	成绩
简述城市轨道交通中易携带的爆炸物的种类以及城市轨道交通爆炸事故的特点	能准确说出城市轨道交通爆炸事故的特点	10分	
撰写爆炸应急救援演练脚本	人员职责明确，任务分配有序	10分	
根据爆炸应急的难点合理组织乘客疏散	根据爆炸应急处理的难点，合理分配任务	20分	
检查城市轨道交通爆炸事故的处理是否合理	按城市轨道交通爆炸事故的要点进行处理	20分	

五、评价反馈	成绩：

1. 自我评价。

本人在该任务中主要负责：
本人主要做了以下工作：

在工作过程中，本人认为自身的优点有：
不足之处有：

今后在同类的小组任务中，本人将会在以下方面进行改进：

2. 小组评价。

该同学是否符合"8S"管理规定，规范着装	是□ 否□
是否严格遵守安全生产守则要求，确保实训安全	是□ 否□
是否听从小组长的工作安排，是否遵守课堂纪律	是□ 否□
是否为小组提供了有建设性的意见	是□ 否□
是否在小组工作结束后整理工作区域	是□ 否□

六、实训成绩单　　　　　　　　　成绩：

项目	评分标准	分值	得分
接受工作任务	明确工作任务，以及城市轨道交通爆炸事故的特点	10	
信息收集	本次实训前需要掌握的知识掌握牢固	10	
制订计划	按任务要求制订计划	10	
计划实施与检查	按任务要求进行引发爆炸事故的原因的判断，撰写应急演练脚本，处理爆炸事故做到条理清晰、重点突出	60	
评价反馈	能在任务实施的过程中发现自身问题，发现团队问题	10	
合计		100	

任务三 突发性大客流应急处理

学院		专业	
姓名		学号	
小组成员		组长姓名	

一、接受工作任务	成绩：

阅读教材中的【案例引入】，结合相关知识，以小组为单位：

1）简述突发性大客流产生的原因。

2）简述车站设计因素对大客流的影响。

3）以3~5名同学的小组为单位，模拟车站工作，轮流扮演值班站长的角色，对大客流情况下的车站紧急处理任务进行分配，并分别模拟几种典型情况，如三级客流控制、站台拥挤、设备故障等。

二、信息收集	成绩：

1）大客流主要集中于_____及_____等时间段。

2）车站设计对大客流的影响主要包含_____、_____、_____、_____、_____等因素。

3）大客流的级别有_____、_____、_____。

4）大客流应急处理程序主要有哪几个步骤？

三、制订计划	成绩：

1. 根据任务要求，制订小组工作计划。

<table>
<tr><th colspan="3">操作流程</th></tr>
<tr><th>序号</th><th>作业项目</th><th>操作要点</th></tr>
<tr><td>1</td><td>简述突发性大客流产生的原因</td><td>能区分正常情况和非正常情况下大客流产生的原因</td></tr>
<tr><td>2</td><td>简述引起突发性大客流的主要因素</td><td>能说出影响大客流的主要因素并能根据车站不同部位说出车站设计对乘客通过能力的影响</td></tr>
<tr><td>3</td><td>演练大客流的应急处理程序</td><td>人员职责明确、任务分工合理，按城市轨道交通大客流应急处理的要点进行处理</td></tr>
</table>

计划审核	审核意见：		
		年　月　日 签字：	

2. 根据作业计划，完成成员小组分工。

行车值班员		值班站长	
站务员		司机	
乘客		记录员	

3. 注意事项。

1）小组人员角色设置合理，分工明确。

2）处理事故程序得当，没有常识性错误。具备良好的服务意识及沟通表达能力，做好乘客疏散和解释工作，乘客情绪得到安抚，防止事态进一步恶化。

3）清楚认识城市轨道突发事故所造成的危害，重视并能有预防的意识。

4. 清点使用的设备、工具、材料。

序号	名称	数量	清点
1	铁马	若干	已清点□
2	手持扩音器	1	已清点□

四、计划实施与检查		成绩：	

项目	标准	分值	成绩
分析和判断城市轨道交通突发性大客流产生的原因	能准确分析出大客流形成的原因和特点	10分	
分析引起突发性大客流的主要因素，以及车站设计对大客流的影响	准确说出引起大客流的主要因素	10分	
分析突发性大客流的应急处理的启动条件	能根据突发性大客流的特点正确判断	20分	
正确处理突发性大客流	人员职责明确、任务分配合理，按城市轨道交通大客流应急处理的要点进行处理	20分	

五、评价反馈	成绩：

1. 自我评价。

本人在该任务中主要负责：
本人主要做了以下工作：

在工作过程中，本人认为自身的优点有：
不足之处有：

今后在同类的小组任务中，本人将会在以下方面进行改进：

2. 小组评价。

该同学是否符合"8S"管理规定，规范着装	是□　否□
是否严格遵守安全生产守则要求，确保实训安全	是□　否□
是否听从小组长的工作安排，是否遵守课堂纪律	是□　否□
是否为小组提供了有建设性的意见	是□　否□
是否在小组工作结束后整理工作区域	是□　否□

六、实训成绩单		成绩：		
项目	评分标准	分值	得分
接受工作任务	明确工作任务，分析突发性大客流产生的原因	10	
信息收集	本次实训前需要掌握的知识掌握牢固	10	
制订计划	按任务要求制订计划	10	
计划实施与检查	分析突发性大客流产生的原因，并正确处理突发性大客流	60	
评价反馈	能在任务实施的过程中发现自身问题，发现团队问题	10	
合计		100	

项目四　行车事故及车站设备故障突发事件应急处理

任务一　列车车门故障的应急处理

学院		专业	
姓名		学号	
小组成员		组长姓名	

一、接受工作任务	成绩：

以 3~5 名同学的小组为单位，模拟车站工作，进行"几个车门状态不正常且故障车门无法排除"的突发事件应急处理：如图所示，1312 次到达 G 站停车后，G 站站务员发现有车门开关的状态不正常后报告值班站长，同时引导乘客，避免其从有故障的车门出入。

二、信息收集	成绩：

1）在紧急情况下：待列车停稳时，由运营人员或乘客手动操作_____由车内打开车门。

2）客室门不能正常关闭时，应进行列车清客，站务人员及时做好_____、_____。

3）城市轨道交通列车客车车门故障有哪些隐患？

三、制订计划	成绩：

1. 根据任务要求，制订小组工作计划。

<table>
<tr><td colspan="3" align="center">操作流程</td></tr>
<tr><td>序号</td><td align="center">作业项目</td><td align="center">操作要点</td></tr>
<tr><td>1</td><td>阐述车门故障处理原则</td><td>熟悉各岗位工作流程</td></tr>
<tr><td>2</td><td>判断车门故障类型</td><td>分清车门故障类型</td></tr>
<tr><td>3</td><td>按下开/关门按钮</td><td>司机再次按下开/关门按钮，尝试再开/关一次故障的车门</td></tr>
<tr><td>4</td><td>用方孔钥匙将车门切除</td><td>在确认车门故障后，若车门已关闭，由站务人员用方孔钥匙将车门切除</td></tr>
<tr><td>5</td><td>粘贴故障门提示</td><td>站务人员贴上"车门故障暂停使用"的字条后继续投入服务</td></tr>
<tr><td>计划审核</td><td colspan="2">审核意见：

　　　　　　　　　　　　　　　　年　月　日
　　　　　　　　　　　　　　　　签字：</td></tr>
</table>

2. 根据作业计划，完成成员小组分工。

行车值班员		值班站长	
站务员		司机	
乘客		记录员	

3. 注意事项。

1）以小组为单位，分别扮演车站不同岗位工种，桌面演练应急处理情况。
2）学生反复演练，逐步完善演练效果。
3）小组将演练过程录制下来，演练视频也作为教师的评价依据之一。
4）演练后应对演练效果进行评价，并且小组之间互评，指出不足，提出改进意见。

4. 清点使用的设备、工具、材料。

名称	数量	清点
方孔钥匙	1	已清点□
对讲机	1	已清点□

四、计划实施与检查		成绩：	
项目	标准	分值	成绩
阐述车门故障处理原则	能准确说出车门故障处理原则	10分	
判断车门故障类型	能准确说出车门故障类型	10分	
按下开/关门按钮	能准确地按下开/关门按钮	10分	
用方孔钥匙将车门切除	能准确地使用方孔钥匙	10分	
粘贴故障门提示	能及时准确地粘贴故障门提示字条	10分	
引导其他乘客从车门上下车	准确引导乘客从非故障门上下车	10分	

五、评价反馈	成绩：

1. 自我评价。
本人在该任务中主要负责： 本人主要做了以下工作：
在工作过程中，本人认为自身的优点有： 不足之处有：
今后在同类的小组任务中，本人将会在以下方面进行改进：

2. 小组评价。	
该同学是否符合"8S"管理规定，规范着装	是□　否□
是否严格遵守安全生产守则要求，确保实训安全	是□　否□
是否听从小组长的工作安排，是否遵守课堂纪律	是□　否□
是否为小组提供了有建设性的意见	是□　否□
是否在小组工作结束后整理工作区域	是□　否□

六、实训成绩单		成绩：		
项目	评分标准	分值	得分	
接受工作任务	明确工作任务，理解车门的重要性	10		
信息收集	本次实训前需要掌握的知识掌握牢固	10		
制订计划	按任务要求制订计划	10		
计划实施与检查	按任务要求进行车门故障应急处理	60		
评价反馈	能在任务实施的过程中发现自身问题，发现团队问题	10		
合计		100		

任务二　列车牵引制动系统故障的应急处理

学院		专业	
姓名		学号	
小组成员		组长姓名	

一、接受工作任务　　　　　　　　　　成绩：

　　阅读教材中的【案例引入】，结合相关知识，以 3~5 名同学的小组为单位，分别扮演车站各岗位角色，对此次事故应急处理进行任务分配，充分疏散、安抚乘客，尽快恢复运营。

二、信息收集　　　　　　　　　　　　成绩：

　　1）列车牵引制动系统故障时，司机应立刻向＿＿＿＿＿报告。

　　2）＿＿＿＿＿＿＿＿是导致列车故障救援的主要原因。

　　3）对于行车指挥人员来说，要尽可能地将列车故障救援的影响时间控制在＿＿＿＿ min 以内。

三、制订计划　　　　　　　　　　　　成绩：

　　1. 根据任务要求，制订小组工作计划。

操作流程

序号	作业项目	操作要点
1	简述列车故障救援中的调度组织技巧	在辅助线附近实施"逆向救援"。利用渡线变逆向牵引为顺向牵引。利用后端动车救援
2	救援前调度员的准备工作	当运营中的列车发生故障时，行车调度员应当在协助司机排除故障的同时做好救援的准备工作。根据故障发生的时间，选择不同的救援方案
3	引导乘客有序疏散，从故障列车撤离	车站各岗位按职责有序安抚、引导疏散乘客，尽可能地缩短列车故障救援时间
4	列车故障现场救援工作	列车司机、车站各岗位按各自职责实施列车现场救援工作
5	列车故障现场救援工作完成后，简述地铁列车故障基本行车组织的三种模式	能简述故障车送回车辆段模式、故障车送入就近车站的存车线模式、故障车送入最近的终点站折返线模式的组织形式

计划审核	审核意见： 年　月　日 签字：	

2. 根据作业计划，完成成员小组分工。

行车调度员		乘客	
司机		环控调度员	
行车值班员		记录员	

3. 注意事项。

1）小组人员角色设置合理，分工明确。

2）处理事故程序得当，没有常识性错误。具备良好的服务意识及沟通表达能力，做好乘客疏散和解释工作，乘客情绪得到安抚，防止事态进一步恶化。

3）清楚认识此类城市轨道交通突发事故所造成的危害，重视并能有预防的意识。

4. 清点使用的设备、工具、材料。

名称	数量	清点
对讲机	1	已清点□
计算机	1	已清点□

四、计划实施与检查		成绩：		
项目	标准	分值	成绩	
简述列车故障救援中的调度组织技巧	①在辅助线附近实施"逆向救援"；②利用渡线变逆向牵引为顺向牵引；③利用后端动车救援（阐述正确一个得5分）	15分		
救援前调度员的准备工作	当运营中的列车发生故障时，行车调度员就应当在协助司机排除故障的同时做好救援的准备工作。根据故障发生的时间，选择不同的救援方案	10分		
引导乘客有序疏散，从故障列车撤离	是否有效安抚、引导疏散乘客。是否有效尽快疏散乘客，缩短列车故障救援时间	10分		
列车故障现场救援工作	各岗位可以根据需要执行自己的工作任务	10分		
简述地铁列车故障基本行车组织的三种模式	能简述故障车送回车辆段模式、故障车送入就近车站的存车线模式、故障车送入最近的终点站折返线模式的组织形式（阐述正确一个得5分）	15分		

五、评价反馈	成绩：
1. 自我评价。	
本人在该任务中主要负责： 本人主要做了以下工作：	
在工作过程中，本人认为自身的优点有： 不足之处有：	
今后在同类的小组任务中，本人将会在以下方面进行改进：	
2. 小组评价。	
该同学是否符合"8S"管理规定，规范着装	是□　否□
是否严格遵守安全生产守则要求，确保实训安全	是□　否□
是否听从小组长的工作安排，是否遵守课堂纪律	是□　否□
是否为小组提供了有建设性的意见	是□　否□
是否在小组工作结束后整理工作区域	是□　否□

六、实训成绩单　成绩：

项目	评分标准	分值	得分
接受工作任务	明确工作任务，理解牵引制动系统故障的特点	10	
信息收集	本次实训前需要掌握的知识掌握牢固	10	
制订计划	按任务要求制订计划	10	
计划实施与检查	按任务要求进行牵引制动系统故障应急处理	60	
评价反馈	能在任务实施过程中发现自身问题，发现团队问题	10	
合计		100	

任务三 列车脱轨的应急处理

学院		专业	
姓名		学号	
小组成员		组长姓名	

一、接受工作任务	成绩：

2017年1月4日早上，美国纽约市发生了一起列车脱轨事故，当时正值早高峰时段，该列车自纽约昆斯区法罗卡韦出发，在当地时间上午8时30分左右抵达布鲁克林区大西洋枢纽站时未能正常停止而撞上轨道一端的缓冲块，导致前两节车厢出轨受损。此次事故导致103人受伤。据美国广播公司4日报道，纽约市当局表示，没有乘客有生命危险，最严重的伤势是一名女乘客腿骨骨折。

根据以上案例材料，以小组为单位，分别扮演车站不同岗位工种，按照演练步骤，根据任务要求，制订本组的演练方案，采用桌面演练方式，处理该情况。

二、信息收集	成绩：

1) 列车脱轨常用的起复工具包括_____、_____和_____等。

2) 简述列车脱轨事故的应急处理方法。

3) 简述列车起复前的准备工作。

三、制订计划	成绩：

1. 根据任务要求，制订小组工作计划。

操作流程		
序号	作业项目	操作要点
1	简述车辆脱轨常用的起复工具的类型	阐述准确
2	案例分析	分析准确
3	简述用手动简易复轨器起复车辆的作业过程	阐述准确
4	列车脱轨故障后初期应急处理桌面演示	演示准确

计划审核	审核意见：			
			年　月　日 签字：	

2. 根据作业计划，完成成员小组分工。

司机		行车值班员	
行车调度员		乘客	
工务、信号维修人员		记录员	

3. 注意事项。

1）学生操作需要符合技术规范。
2）使用标准用语。

4. 清点使用的设备、工具、材料。

序号	名称	数量	清点
1	起复工具	1	已清点□
2	桌面沙盘	1	已清点□

四、计划实施与检查		成绩：		
项目	标准	分值	成绩	
车辆脱轨的起复工具的类型	说出车辆脱轨常用的起复工具，包括：①"人"字形复轨器；②海参形复轨器；③手动简易复轨器（阐述正确一个得2分）	6分		
案例分析	搜索相关资料，找出本次事故产生的原因，并阐述地铁脱轨事故的应急处理办法	20分		
合理进行人员分工，明确职责，按要点进行演练	演练人员分配是否合理，职责是否明确，是否按要点进行处理演练	10分		
使用手动简易复轨器起复车辆的作业过程	简述手动简易复轨器起复车辆的四个步骤（阐述并完成一步得4分）	16分		
列车脱轨故障后初期应急处理桌面演示	根据脱轨故障典型案例的处理方式制订预案，进行桌面演示	8分		

五、评价反馈	成绩：

1. 自我评价。

本人在该任务中主要负责：
本人主要做了以下工作：

在工作过程中，本人认为自身的优点有：
不足之处有：

今后在同类的小组任务中，本人将会在以下方面进行改进：

2. 小组评价。

该同学是否符合"8S"管理规定，规范着装	是□　否□
是否严格遵守安全生产守则要求，以确保实训安全	是□　否□
是否听从小组长的工作安排，是否遵守课堂纪律	是□　否□
是否为小组提供了有建设性的意见	是□　否□
是否在小组工作结束后整理工作区域	是□　否□

六、实训成绩单		成绩：	
项目	评分标准	分值	得分
接受工作任务	明确工作任务，理解列车脱轨对轨道交通运营的影响	10	
信息收集	本次实训前需要掌握的知识掌握牢固	10	
制订计划	按任务要求制订计划	10	
计划实施与检查	按任务要求进行列车脱轨应急处理	60	
评价反馈	能在任务实施的过程中发现自身问题，发现团队问题	10	
合计		100	

任务四　设备原因导致的突发事件的应急处理

学院		专业	
姓名		学号	
小组成员		组长姓名	

一、接受工作任务　　　　成绩：

某日列车到达某站上行线，整侧站台门无法打开，BAS、MCP 盘中显示故障信息。请根据以下预设条件分组演练：

1）列车进站停稳后，开启车门、站台门，但部分站台门无法开启，司机使用 PSL 手动仍无法打开，立即报告车控室。

2）车站立即采取就地开启站台门应对，引导乘客上下车。

3）车站做好安全防护，使用互锁解除接发列车。

4）抢修人员到达现场后，故障排除，应急结束。

二、信息收集　　　　成绩：

1）＿＿＿＿＿＿将轨道与站台候车区隔离，设有与列车门相对应、可多级控制开启与关闭的滑动门。

2）站台门系统提高＿＿＿＿＿＿安全。

3）站台门玻璃破碎时，值班站长接报后＿＿＿＿＿＿，如果玻璃掉下来则组织将其扫清。如果玻璃掉入轨道影响到行车安全，应向行车调度员报告，请点进入轨行区清理。

4）小组合作简述站台门系统的安全隐患有哪些。

三、制订计划　　　　成绩：

1. 根据任务要求，制订小组工作计划。

操作流程

序号	作业项目	操作要点
1	识别站台门结构	手指口呼准确
2	识别门头指示灯状态	准确阐述门头指示灯三种状态
3	LCB（就地控制盒）操作	准确阐述四种状态对信号的影响
4	发现故障门	手指口呼准确、汇报车控室、检查异物
5	处理故障门	手指口呼准确、汇报车控室
6	显示信号	手信号准确粘贴故障门
7	粘贴故障门	粘贴位置正确，手指口呼正确

计划审核	审核意见：	
		年　月　日 签字：

2. 根据作业计划，完成成员小组分工。

行车值班员		值班站长	
站务员		司机	
乘客		记录员	

3. 注意事项。

1）学生操作时需要符合技术规范。

2）使用标准用语。

4. 清点使用的设备、工具、材料。

名称	数量	清点
站台门钥匙	1	已清点□
对讲机	1	已清点□

四、计划实施与检查	成绩：		

项目	标准	分值	成绩
发现站台门故障后，阐述站台门基本结构和门头指示灯状态	手指站台门说出站台门结构：①滑动门；②应急门；③固定门；④端墙门；⑤LCB（就地控制盒）；⑥应急推杆；⑦门头灯。 口述门头指示灯状态：①灭灯；②常亮；③闪烁代表的意思（阐述正确一个得 1 分）	10 分	
阐述并正确操作 LCB（就地控制盒），进行故障门处置	①口述各档位作用，各档位开/关门是否影响信号；②用 LCB 钥匙将故障站台门的 LCB 转至"开门"位置（或转至就地控制位，手动开门）；③引导乘客上下车后，将 LCB 转至"关门"位置（或转至就地控制位，手动关门）（准确演示并完成一步骤得 10 分）	30 分	
引导乘客上下车，处理故障站台门	①正确引导乘客上下车；②手指：×方向×号站台门门头灯；汇报：×方向×号站台门头灯熄灭，关门成功（准确演示并完成一步骤，得 5 分）	10 分	
显示好了信号，车站做好安全防护，使用互锁解除接发列车	确认站台安全后，利用信号旗给司机显示好了信号	10 分	

五、评价反馈	成绩：
1. 自我评价。	
本人在该任务中主要负责： 本人主要做了以下工作：	
在工作过程中，本人认为自身的优点有： 不足之处有：	
今后在同类的小组任务中，本人将会在以下方面进行改进：	
2. 小组评价。	
该同学是否符合"8S"管理规定，规范着装	是□　否□
是否严格遵守安全生产守则要求，确保实训安全	是□　否□
是否听从小组长的工作安排，是否遵守课堂纪律	是□　否□
是否为小组提供了有建设性的意见	是□　否□
是否在小组工作结束后整理工作区域	是□　否□

六、实训成绩单		成绩：		
项目	评分标准		分值	得分
接受工作任务	明确工作任务，理解站台门的重要性		10	
信息收集	本次实训前应掌握的知识掌握牢固		10	
制订计划	按任务要求制订计划		10	
计划实施与检查	按任务要求进行站台门故障应急处理		60	
评价反馈	能在任务实施的过程中发现自身问题，发现团队问题		10	
合计			100	

05

项目五　公共安全类突发事件应急处理

任务一　乘客受伤事故应急处理

学院		专业	
姓名		学号	
小组成员		组长姓名	
一、接受工作任务		成绩：	

阅读教材中的【案例引入】，结合相关知识，以小组为单位，模拟车站工作。

1）通过角色扮演，处理这次的乘客受伤事故，妥善处理 A、B、C 三位受伤的乘客，尽快恢复车站的正常运营秩序。

2）设计并填写本次事故的《事件经过记录表》。

3）分析此次事故发生的原因，写出事故处理报告。

二、信息收集		成绩：	

1）乘客受伤事故处理原则有哪些？

2）遇到乘客求助类的乘客受伤事故，应该如何处理？

3）在处理乘客受伤的过程中，应该如何做好证据的收集？以此任务为例，你觉得应该做到哪些步骤？

4）设计并填写本次事故的《事件经过记录表》。

事件经过记录表（示例）			
客伤类型	记录人	细节	记录
乘客晕倒	目击证人	时间	
		地点	
		当事人外貌特征	
		事情的起因、经过、结果	
	当事人		
	工作人员		

三、制订计划	成绩：

1. 根据任务要求，制订小组工作计划。

操作流程		
序号	作业项目	操作要点
1	根据现场实际，分析判断"客伤"的类型	根据所学习知识，认真细致分析判断客伤事故类型
2	做好现场处置工作	第一时间做好取证工作，客观记录，得到当事人或旁人的签字确认
3	处置过程中使用规范用语，及时获取有效信息	快速到达现场后，在乘客求助过程中规范用语，快速了解情况并分析初步原因
4	对受伤乘客进行初步、及时、有效的处理	能在120救护车到达之前，根据客伤处理技巧对受伤乘客进行初步处理
计划审核	审核意见： 　　　　　　　　　　　　　　年　月　日 　　　　　　　　　　　　　　签字：	

2. 根据作业计划，完成成员小组分工。

行车值班员		值班站长	
站务员		记录员	
乘客			

3. 注意事项。

1）车站工作人员角色设置合理，分工明确。

2）处理乘客受伤事故程序得当，工具选用合理。具备良好的服务意识及沟通表达能力，做好乘客疏散和解释工作，乘客情绪得到安抚，防止事态进一步恶化。

3）现场急救的方法没有常识性错误。

4. 清点使用的设备、工具、材料

序号	名称	数量	清点
1	急救包	1	已清点□
2	扩音器	1	已清点□

四、计划实施与检查		成绩：		
项目	标准	分值	成绩
分析判断属于"有责客伤"还是"无责客伤"	能根据乘客受伤事件进行分析判断	5分	
第一时间做好取证工作	能以事实为依据，客观记录，得到旁人及当事人的签字确认	25分	
在乘客求助过程中规范用语，及时获取有效信息	第一时间赶赴现场，了解情况和初步原因，用语规范	20分	
能在120到达之前对乘客进行初步、及时、有效的处理	能根据客伤救治技巧进行处理	10分	

五、评价反馈	成绩：

1. 自我评价。

本人在该任务中主要负责：
本人主要做了以下工作：

在工作过程中，本人认为自身的优点有：
不足之处有：

今后在同类的小组任务中，本人将会在以下方面进行改进：	
2. 小组评价。	

该同学是否符合"8S"管理规定，规范着装	是☐　否☐
是否严格遵守安全生产守则要求，确保实训安全	是☐　否☐
是否听从小组长的工作安排，是否遵守课堂纪律	是☐　否☐
是否为小组提供了有建设性的意见	是☐　否☐
是否在小组工作结束后整理工作区域	是☐　否☐

六、实训成绩单　　成绩：

项目	评分标准	分值	得分
接受工作任务	明确工作任务，思路清晰，小组分工明确	10	
信息收集	本次实训前需要掌握的知识掌握牢固	10	
制订计划	按任务要求制订计划	10	
计划实施与检查	按评分标准进行规范处理	60	
评价反馈	能在任务实施的过程中发现自身问题，发现团队问题	10	
合计		100	

任务二　不明气体袭击事件应急处理

学院		专业	
姓名		学号	
小组成员		组长姓名	

一、接受工作任务	成绩：

　　阅读教材中的【案例引入】，结合相关知识，以小组为单位，模拟车站出现不明气体袭击事件，掌握防护用品的使用方法并进行桌面演练。

二、信息收集	成绩：

　　1）列车在区间发生不明气体袭击事件的应急处理程序是什么？

　　2）应对不明气体袭击的防护用品有哪些？

　　3）在运营中，如何防止或者减少此类事件发生，以保障乘客的出行安全？

三、制订计划	成绩：

　　1. 根据任务要求，制订小组工作计划。

操作流程		
序号	作业项目	操作要点
1	分析案例	分析事件出现的主要原因，重点突出
2	人员分工	合理分工，不遗漏关键岗位
3	撰写计划	程序得当，没有常识性错误。具备良好的沟通表达能力，做好乘客疏散和解释工作

序号	作业项目	操作要点
4	桌面演练	能初步根据城市轨道交通不明气体袭击事件的特点进行分析，清楚认识其所造成的危害
计划审核	审核意见：	年　月　日 签字：

2. 根据作业计划，完成成员小组分工。

乘客		值班站长	
站务员		地铁公安	
司机		记录员	

3. 注意事项。

1）学生操作需要符合技术规范。
2）使用标准用语。
3）严格遵守实训管理规定，确保实训安全。
4）对于实训过程中出现安全隐患的，一票否决。

4. 清点使用的设备、工具、材料。

序号	名称	数量	清点
1	告示牌	若干	已清点□
2	荧光带	若干	已清点□

四、计划实施与检查		成绩：	
项目	标准	分值	成绩
请示上报，进行乘客疏散处理	各岗位联动，有序、迅速组织乘客疏散	20分	
使用防护用品进行处置	正确穿戴、使用防护用品	10分	
泄漏物处理	合理处理泄漏物	20分	
人员急救	按《常见危险化学品应急处理控制措施表》对受伤害的人员进行急救	不作为强制性扣分项目	
行车安排	事发列车扣车，小交路行车	10分	

五、评价反馈	成绩：
1. 自我评价。	
本人在该任务中主要负责： 本人主要做了以下工作：	
在工作过程中，本人认为自身的优点有： 不足之处有：	
今后在同类的小组任务中，本人将会在以下方面进行改进：	
2. 小组评价。	
该同学是否符合"8S"管理规定，规范着装	是☐　否☐
是否严格遵守安全生产守则要求，以确保实训安全	是☐　否☐
是否听从小组长的工作安排，是否遵守课堂纪律	是☐　否☐
是否为小组提供了有建设性的意见	是☐　否☐
是否在小组工作结束后整理工作区域	是☐　否☐

六、实训成绩单　　成绩：

项目	评分标准	分值	得分
接受工作任务	明确工作任务，思路清晰，小组分工明确	10	
信息收集	本次实训前应掌握的知识掌握牢固	10	
制订计划	按任务要求制订计划	10	
计划实施与检查	按任务要求进行规范处理，在模拟处理过程中能做到条理清晰、重点突出	60	
评价反馈	能在任务实施的过程中发现自身问题，发现团队问题	10	
合计		100	

任务三　炸弹、不明物体恐吓（袭击）事件应急处理

学院		专业	
姓名		学号	
小组成员		组长姓名	

一、接受工作任务　　　　　　　　　成绩：

　　阅读教材中的【案例引入】，结合相关知识，以小组为单位，模拟炸弹、不明物体恐吓（袭击）事件，掌握应急处理的关键步骤并进行桌面演练。

二、信息收集　　　　　　　　　　　成绩：

　　1）请阐述车站恐吓（袭击）事件应急处理流程。

　　2）车站发生恐吓（袭击）事件时，现场发现人员、行车值班员、客运值班员、值班站长等岗位应该如何进行应急处理？

三、制订计划　　　　　　　　　　　成绩：

　　1. 根据任务要求制订小组工作计划。

操作流程

序号	作业项目	操作要点
1	前期处置	疏散周边乘客
2	报告	包括外部通报和内部通报
3	应急处置	值班站长成立现场应急小组，客运值班员进行伤员救护、疏散乘客，行车值班员综合后备盘（IBP）控制、广播，站务员疏散乘客、关闭出入口，安检员、保安隔离现场、警戒，做好行车安排
4	恢复阶段	恢复正常运营

计划审核	审核意见：			年　月　日 签字：

2. 根据作业计划，完成成员小组分工。

乘客		值班站长	
站务员		地铁公安	
司机		行车调度员	

3. 注意事项。

1）学生操作需要符合技术规范。
2）使用标准用语。
3）严格遵守生产实习安全规定和课堂纪律。
4）工具选择合理，使用得当。
5）一票否决项目：在应急处理过程中严禁与乘客发生冲突，若因为处理不当而造成乘客二次伤害的隐患，则本次实训不及格。

4. 清点使用的设备、工具、材料。

序号	名称	数量	清点
1	告示牌	若干	已清点□
2	荧光带	若干	已清点□

四、计划实施与检查		成绩：		

项目	标准	分值	成绩
前期处置	各岗位联动，有序、迅速组织乘客疏散	15分	
车控室报告	规范的外部通报和内部通报	10分	
应急指挥组织	按各岗位应急处理指引行动	15分	
行车安排	事发列车扣车，小交路行车	10分	
上报请示	清晰汇报并请示上级	10分	

五、评价反馈		成绩：

1. 自我评价。

本人在该任务中主要负责：
本人主要做了以下工作：

在工作过程中，本人认为自身的优点有：

不足之处有：

今后在同类的小组任务中，本人将会在以下方面进行改进：

2. 小组评价。

该同学是否符合"8S"管理规定，规范着装	是□　　否□
是否严格遵守安全生产守则要求，以确保实训安全	是□　　否□
是否听从小组长的工作安排，是否遵守课堂纪律	是□　　否□
是否为小组提供了有建设性的意见	是□　　否□
是否在小组工作结束后，整理工作区域	是□　　否□

六、实训成绩单		成绩：		
项目	评分标准		分值	得分
接受工作任务	明确工作任务，思路清晰，小组分工明确		10	
信息收集	本次实训前应掌握的知识掌握牢固		10	
制订计划	按任务要求制订计划		10	
计划实施与检查	按任务要求进行规范处理，程序完整、合理、有序，无安全事故，无安全隐患		60	
评价反馈	能在任务实施的过程中发现自身问题，发现团队问题		10	
合计			100	

06

项目六　突发公共卫生事件应急处理

任务一　认识突发公共卫生事件

学院		专业	
姓名		学号	
小组成员		组长姓名	

一、接受工作任务	成绩：

　　阅读教材中的【案例引入】，上网搜索相关知识，以3~5名同学的小组为单位制作PPT，介绍典型的突发公共卫生事件案例，应详细介绍事件的原因、特点及级别。

二、信息收集	成绩：

　　1）突发公共卫生事件是指突然发生，造成或者可能造成社会公众健康严重损害的_____、_____、_____以及其他严重影响公众健康的事件。这类事件具备的特征包括突发性、社区危害性、处理系统性等，是一种_____。

　　2）甲类传染病包括_____、_____。

　　3）突发公共卫生事件以不同颜色进行预警：特别重大（Ⅰ级）用_____预警，重大（Ⅱ级）用_____预警，较大（Ⅲ级）用_____预警，一般（Ⅳ级）用_____预警。

　　4）简述城市轨道交通发生公共卫生事件的特点。

三、制订计划	成绩：

　　1. 根据任务要求，制订小组工作计划。

操作流程		
序号	作业项目	操作要点
1	简述突发公共卫生事件的常见类型	能说出突发公共卫生事件的常见类型
2	简述突发公共卫生事件的级别	能说出突发公共卫生事件的级别，以及各级别的发生范围、严重程度
3	根据突发公共卫生事件案例，判断突发公共卫生事件的特点和级别	以典型突发公共卫生事件案例的信息为基础，依据突发公共卫生事件的常见内容和级别进行判断并得出结论
4	制作 PPT 介绍著名的公共卫生事件案例	PPT 应介绍典型公共卫生事件的发生的原因、范围、严重程度，对以后公共卫生事件处理所产生的影响
计划审核	审核意见：	年　月　日 签字：

2. 根据作业计划，完成成员小组分工。

行车值班员		值班站长	
站务员		司机	
乘客		记录员	

3. 注意事项。
1）分工明确，能找出典型公共卫生事件的要点。
2）事件分析合理，总结的特点条理清晰。

4. 清点使用的设备、工具、材料。

名称	数量	清点
计算机（含网络）	按小组数量分配	已清点□

四、计划实施与检查		成绩：		
项目	标准		分值	成绩
分析判断是否属于突发公共卫生事件	能根据突发公共卫生事件的常见类型进行判断		10 分	
分析判断突发公共卫生事件的级别及预警等级	能根据突发公共卫生事件的范围、人数、类型，判断突发公共卫生事件的级别和预警等级		20 分	

项目	标准	分值	成绩
简述突发公共卫生事件各级别的危害程度及影响	根据突发公共卫生事件的性质、危害程度、涉及范围，判断各级别的危害程度及影响	20分	
制作 PPT 介绍典型的突发公共卫生事件案例	应介绍典型突发公共卫生事件发生的原因、范围、严重程度，对以后突发公共卫生事件处理所产生的影响	10分	

五、评价反馈 　　成绩：

1. 自我评价。

本人在该任务中主要负责：
本人主要做了以下工作：

在工作过程中，本人认为自身的优点有：
不足之处有：

今后在同类的小组任务中，本人将会在以下方面进行改进：

2. 小组评价。

该同学是否符合"8S"管理规定，规范着装	是□ 否□
是否严格遵守安全生产守则要求，以确保实训安全	是□ 否□
是否听从小组长的工作安排，是否遵守课堂纪律	是□ 否□
是否为小组提供了有建设性的意见	是□ 否□
是否在小组工作结束后整理工作区域	是□ 否□

六、实训成绩单 　　成绩：

项目	评分标准	分值	得分
接受工作任务	明确工作任务，理解突发公共卫生事件的特点	10	
信息收集	本次实训前需要掌握的知识掌握牢固	10	
制订计划	按任务要求制订计划	10	
计划实施与检查	按任务要求进行突发公共卫生事件的判断	60	
评价反馈	能在任务实施的过程中发现自身问题，发现团队问题	10	
合计		100	

任务二　突发公共卫生事件的应急处理

学院		专业	
姓名		学号	
小组成员		组长姓名	

一、接受工作任务	成绩：

阅读教材中的【案例引入】，以 3~5 名同学的小组为单位，分别扮演突发公共卫生事件防控各工作小组的角色，按照演练步骤，根据任务要求，制订本组的分级处理演练方案，采用桌面演练方式，处理该情况。

二、信息收集	成绩：

1）城市轨道交通公共卫生事件的处理原则有_____、_____、_____。

2）突发公共卫生事件防控领导小组一般由_____、_____、_____、_____、_____组成。

3）一级防护使用人群主要有_____、_____、_____。

三、制订计划	成绩：

1. 根据任务要求，制订小组工作计划。

操作流程		
序号	作业项目	操作要点
1	简述城市轨道交通突发公共卫生事件应急处理原则	能完整说出城市轨道交通公共卫生事件应急处理原则并理解其含义
2	根据突发公共卫生事件防控领导小组的职责进行分工	人员分工合理，职责明确
3	根据突发公共卫生事件（传染病疫情）的不同等级制定分级处理策略	能根据突发公共卫生事件（传染病疫情）的不同等级的特点提出有针对性的处理策略
4	按小组分工制订应急预案，并进行桌面演练	依据突发公共卫生事件（传染病疫情）不同级别制订应急预案并进行桌面演练
计划审核	审核意见： 　　　　　　　　　　　　　　　年　月　日 　　　　　　　　　　　　　　签字：	

2. 根据作业计划，完成成员小组分工。

行车值班员		值班站长	
站务员		司机	
乘客		记录员	

3. 注意事项。

1) 学生操作需要符合技术规范。
2) 使用标准用语。

4. 清点使用的设备、工具、材料。

名称	数量	清点
计算机（含网络）	按小组数量分配	已清点□

四、计划实施与检查		成绩：		
项目	标准		分值	成绩
简述城市轨道交通突发公共卫生事件应急处理原则与分级策略	能准确阐述突发公共卫生事件应急处理的原则，以及分级处理策略的不同特点		10分	
根据突发公共卫生事件防控领导小组的职责进行分工	能根据突发公共卫生事件的特点成立突发公共卫生事件防控机构并进行人员分工		10分	
根据突发公共卫生事件的不同等级制定分级处理策略	能根据突发公共卫生事件不同等级特点制定相应的处理策略		20分	
制订应急预案并进行桌面演练	能根据突发公共卫生事件的一般处理流程制订应急预案并进行桌面演练		20分	

五、评价反馈	成绩：

1. 自我评价。

本人在该任务中主要负责：
本人主要做了以下工作：

在工作过程中，本人认为自身的优点有：
不足之处有：

今后在同类的小组任务中，本人将会在以下方面进行改进：	
2. 小组评价。	
该同学是否符合"8S"管理规定，规范着装	是□　否□
是否严格遵守安全生产守则要求，以确保实训安全	是□　否□
是否听从小组长的工作安排，是否遵守课堂纪律	是□　否□
是否为小组提供了有建设性的意见	是□　否□
是否在小组工作结束后整理工作区域	是□　否□

六、实训成绩单		成绩：		
项目	评分标准		分值	得分
接受工作任务	明确工作任务，理解突发公共卫生事件的应急处理原则		10	
信息收集	本次实训前应掌握的知识掌握牢固		10	
制订计划	按任务要求制订计划		10	
计划实施与检查	按任务要求制订应急处理预案并进行桌面演练		60	
评价反馈	能在任务实施的过程中发现自身问题，发现团队问题		10	
合计			100	

任务三 突发公共卫生事件的现场防控与处理

学院		专业	
姓名		学号	
小组成员		组长姓名	

一、接受工作任务	成绩：

阅读教材中的【案例引入】，结合相关知识，以 3~5 名同学的小组为单位，合理分工，扮演车站的各岗位角色，对发生突发公共卫生事件的车站紧急处理、分配任务，并分别模拟几种典型情况，如车站出入口发现健康异常人员、车站内出现传染病疑似人员、传染病疫情暴发期间车内乘客出现疑似症状等情况。

二、信息收集	成绩：

1）城市轨道交通突发公共卫生事件的报告分为_____、_____、_____三个阶段的报告。

2）进站防控管理主要需做到_____、_____、_____、_____。

3）车站出入口发现健康异常人员，车站工作人员在_____的前提下，立即安排健康异常人员在_____隔离，避免_____，对周边可能出现密切接触的乘客进行_____。

三、制订计划	成绩：

1. 根据任务要求，制订小组工作计划。

<table>
<tr><td colspan="3" align="center">操作流程</td></tr>
<tr><td>序号</td><td>作业项目</td><td>操作要点</td></tr>
<tr><td>1</td><td>简述突发公共卫生事件现场防控的主要措施</td><td>能说出车站的不同区域所采取的防控措施</td></tr>
<tr><td>2</td><td>根据车站公共卫生事件现场处理的流程进行人员分工</td><td>人员分工合理，职责明确</td></tr>
<tr><td>3</td><td>现场发现健康异常人员的，进行处理</td><td>能根据不同情况，按照流程合理处置</td></tr>
<tr><td>4</td><td>进行事件处理后的终末消杀</td><td>能按照不同情况，车站不同区域合理消杀</td></tr>
</table>

计划审核	审核意见：	
		年 月 日 签字：

2. 根据作业计划，完成成员小组分工。

行车值班员		值班站长	
站务员		司机	
乘客		记录员	

3. 注意事项。

1）车站工作人员角色设置合理，分工明确。

2）工具选用合理，应急处理程序及抢险工具的使用没有常识性错误。

4. 清点使用的设备、工具、材料。

序号	名称	数量	清点
1	红外额温枪	1	已清点□
2	健康码	1	已清点□
3	二级防护用品	1	已清点□
4	免洗洗手液	1	已清点□
5	铁马	若干	已清点□

四、计划实施与检查 成绩：

项目	标准	分值	成绩
简述车站现场主要防控管理措施	能说出突发公共卫生事件下车站现场主要防控管理措施和设施设备配置	10分	
根据车站突发公共卫生事件现场处理的流程进行人员分工	能根据车站各位置发现健康异常人员主要处理流程和要点进行人员分工	20分	
对车站各位置发现健康异常人员进行处理	能合理有效安全地对健康异常人员进行处理	20分	
处理完成后进行终末消杀	能说出不同情况下，车站不同区域合理消杀的基本要求	10分	

五、评价反馈 成绩：

1. 自我评价。

本人在该任务中主要负责： 本人主要做了以下工作：	
在工作过程中，本人认为自身的优点有： 不足之处有：	
今后在同类的小组任务中，本人将会在以下方面进行改进：	
2. 小组评价。	
该同学是否符合"8S"管理规定，规范着装	是□　否□
是否严格遵守安全生产守则要求，以确保实训安全	是□　否□
是否听从小组长的工作安排，是否遵守课堂纪律	是□　否□
是否为小组提供了有建设性的意见	是□　否□
是否在小组工作结束后整理工作区域	是□　否□

六、实训成绩单　　　　成绩：

项目	评分标准	分值	得分
接受工作任务	明确工作任务，理解突发公共卫生事件报告的程序要求及特点	10	
信息收集	本次实训前应掌握的知识掌握牢固	10	
制订计划	按任务要求制订计划	10	
计划实施与检查	按任务要求进行突发公共卫生事件的初次报告，以及对健康异常人员进行处理	60	
评价反馈	能在任务实施的过程中发现自身问题，发现团队问题	10	
合计		100	